1800자 쓰기교본

머 리 말

　오늘날 우리는 세계화(世界化)의 거센 물결 속에서 살고 있다. 우리는 흔히 세계화의 기준을 영어(英語)문화권에 근접하는 것으로 오해하고 있으나, 전세계 인구의 2/3가 한자 문화권에 살고 있다는 것을 직시해야 할 것이다. 특히 우리나라는 한자 종주국(宗主國)인 중국과 지리적·문화적으로 인접해 있고, 우리말의 70%가 한자어(漢字語)로 구성되어 있기 때문에 한자의 중요성을 재삼 거론할 여지가 없을 것이다. 그러나 최근까지 우리의 한자 교육은 어떠했는가? 한자는 옛날 것이라는 그릇된 생각과 입시에서의 제외 등으로 많은 괄시를 받아 온 것이 사실이다. 당시 학교 교육을 받은 사람들이 사회에 나와서는 한자를 몰라 사회 생활에 많은 어려움을 겪고 있는게 현실이다. 그래서 늦게나마 다시 한자 공부를 하기도 한다.

　그러나 최근 늦게나마 사회 일각에서 바람직한 현상이 일어나고 있어 적이 다행스럽다. 서울시를 비롯한 대도시에서 초등 학교 학생들에게 600자 정도의 한자를 가르치고, 기업의 입사 시험과 승진 시험에서도 이를 반영하고 있으니 지극히 반가울 뿐이다.

　본서(本書)에서는 이러한 시대적·사회적 욕구에 부응하기 위해 교육부 선정 기초한자 1800자를 단어로 구성해 어휘력을 높일 수 있도록 노력하였다. 또 청소년은 물론 성인(成人)이 되어서까지 항상 가슴 속에 새겨 삶의 정신적 지주(支柱)가 될 수 있는 옛 성현(聖賢)들의 명언(名言)을 각 쪽마다 실어, 늘 맑은 마음으로 살아 갈 수 있도록 하였다.

　아무쪼록 본서가 미비한 점이 많을 줄로 사료(思料)되나 학습에는 물론 사회 생활에 조금이라도 도움이 된다면 편저자(編著者)는 이보다 더 기쁠 수 없을 것이다.

金 泳 培 씀

─── 차 례 ───

■ 머 리 말 ………………………………… 3
■ 차   례 ………………………………… 4
■ 漢字의 起源과 變遷 ……………………… 5
■ 漢 字 의 六 書 …………………………… 6
■ 펜글씨를 잘 쓰려면 ……………………… 7
■ 漢 字 의 結 構 法 ………………………… 8
■ 漢 字 의 基 本 點 劃 ……………………… 9
□ 敎育部 選定 1800字 ……………………… 11

漢字의 起源과 變遷

1. 한자의 기원 : 한자는 언제부터 쓰여졌는지는 확실치 않으나 지금으로부터 3천 5백년 전 중국 은나라 옛터에서 발견된 거북이의 등껍질과 동물들의 뼈에 새겨진 이른바 갑골문자가 한자의 기원이 아닌가하는 학설이 지배적이다. 이러한 한자는 황제(黃帝) 때 사관(史官)이었던 창힐이 처음 만들었다고 전해지는데 혼자 만들었다기보다는 그 당시 사용되던 문자를 최초로 정리했다고 보아야 정확할 것이다. 그 후 진시황이 중국을 최초로 통일하고 이사(李斯)를 시켜 문자를 체계화, 집대성함으로써 한자는 더욱 발전을 하게 되었다.

2. 한자의 변천 : 한자의 최초 형태인 갑골문자는 물체의 형상을 본떠서 만든 것으로써 「금문 → 전서 → 예서」를 거쳐서 오늘날의 해서체(정자체)로 변천되어 왔다.

갑골문자

갑골문	금 문	전 서	예 서	해 서
			日	日
			月	月
			雨	雨
			母	母
			馬	馬
			車	車
			申	申

3. 한자의 자수 : 한자는 뜻글자이므로 한가지 사물마다 그것을 나타내는 글자가 있어야 한다. 초기에는 글자 수가 그리 많지는 않았으나, 문명이 열리고 발달을 하면서 한자 역시 자꾸 만들어져 1716년에 중국에서 편찬한 「강희자전」에 보면 대략 5만자가 수록되었고 그 후에도 한자 수는 더욱 늘어났다.

漢字의 六書

　아무리 많은 한자일지라도, 또 그 모양이 아무리 복잡한 것일지라도 그것들 모두는 「육서(六書)」즉, 다음 여섯 가지의 방법에 의해 만들어졌다.

　여기서 육서(六書)란 상형·지사·회의·형성·전주·가차문자를 말하는데 그 내용은 다음과 같다.

1. 상형문자(象形文字) : 어떤 사물의 모양을 본떠서 만든 문자.

- 日은 해(☀), 月은 달(☾)을 본뜬 글자이다.

2. 지사문자(指事文字) : 형상으로 나타낼 수 없는 추상적인 생각이나 뜻을 선이나 점으로 표현한 문자.

- 上은 위(⏋)를, 下는 아래(⏌)를 뜻함.

3. 회의문자(會意文字) : 이미 있는 둘이상의 문자를 결합해서 새로운 뜻을 나타내는 문자.

- 男 : [田+力]→男으로 밭에서 힘쓰는 사람, 곧 '사내'를 뜻하는 문자 등을 말함.

4. 형성문자(形聲文字) : 이미 있는 문자를 결합해서 한 쪽은 뜻(형부)을, 한 쪽은 음(성부)을 나타내는 문자.

- 淸 : [氵(水)→뜻+靑(청)→음]→淸(청)으로 氵(水)는 '물'의 뜻을, 靑은 '청'이라는 음을 나타내어 '맑을 청'자가 됨.

5. 전주문자(轉注文字) : 이상 네 가지 문자의 본디 뜻을 바꾸어 새로운 뜻을 나타내는 문자.

- 長 : 길다(장)→어른(장), 惡 : 나쁘다(악)→미워하다(오).

6. 가차문자(假借文字) : 전주문자는 뜻을 전용했지만 가차는 문자의 음을 빌려 쓰는 방법이다. (주로 외래어 표기에 이용된다.)

- 亞細亞－아시아, 印度－인디아.

◆펜글씨를 잘 쓰려면◆

◎ 바른자세

글씨를 예쁘게 쓰고자 하는 마음과 함께 몸가짐을 바르게 해야 아름다운 글씨를 쓸 수 있다. 편안하고 부드러운 자세를 갖고 써야 한다.

① 앉은자세 : 방바닥에 앉은 자세로 쓸 때에는 양 엄지 발가락과 발바닥의 윗 부분을 얇게 포개어 앉고, 배가 책상에 닿지 않도록 한다.
  그리고 상체는 앞으로 약간 숙여 눈이 지면에서 30cm 정도 떨어지게 하고, 왼손으로는 종이를 가볍게 누른다.

② 걸터앉은자세 : 걸상에 앉아 쓸 경우에도 앉을 때 두 다리를 어깨 넓이만큼 뒤로 잡아 당겨 편안한 자세를 취한다.

◎ 펜대를 잡는 요령

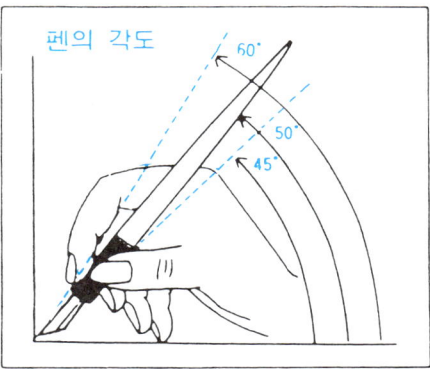

① 펜대는 펜대끝에서 1cm 가량 되게 잡는 것이 알맞다.
② 펜대는 45~60°만큼 몸쪽으로 기울어지게 잡는다.
③ 집게 손가락과 가운데 손가락, 엄지 손가락 끝으로 펜대를 가볍게 쥐고 양손가락의 손톱 부리께로 펜대를 안에서부터 받치며 새끼 손가락을 받쳐 준다.
④ 지면에 손목을 굳게 붙이면 손가락 끝 만으로 쓰게 되므로 손가락 끝이나 손목에 의지하지 말고 팔로 쓰는 듯한 느낌으로 쓴다.

◎ 펜촉을 고르는 방법

① 스푼펜 : 사무용에 적합한 펜으로, 끝이 약간 굽은 것이 좋다. (가장 널리 쓰임)
② G 펜 : 펜촉끝이 뾰족하고 탄력성이 있어 숫자나 로마자를 쓰기에 알맞다. (연습용으로 많이 쓰임)
③ 스쿨펜 : G펜보다 작은데, 가는 글씨 쓰기에 알맞다.
④ 둥근펜 : 제도용으로 쓰이며, 특히 선을 긋는데에 알맞다.

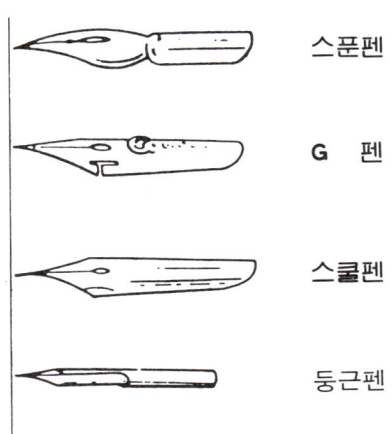

漢字의 結構法 (글자를 꾸미는 법)

◇ 漢字의 結構는 대체적으로 다음 여덟 가지로 나눌 수 있다.

扁	작은 扁을 위로 붙여쓴다.	場	眠	冷	球	綠
	다음과 같은 변은 길게 쓰고, 오른쪽을 가지런히 하며, 몸에 비해 약간 작게 쓴다.	祖	陰	位	帳	摘
旁	방(旁)은 변에 닿지 않도록 한다.	驅	設	歡	敎	伏
冠	위를 길게 해야 될 머리.	草	菓	옆으로 넓게 해야 될 머리.	安	雲
沓	받침 구실을 하는 글자는 옆으로 넓혀 안정 되도록 쓴다.	照	孟	急	冒	柔
垂	윗몸을 왼편으로 삐치는 글자는 아랫부분을 조금 오른쪽으로 내어 쓴다.	歷	原	履	廣	座
構	바깥과 안으로 된 글자는 바깥의 품을 넉넉하게 하고 안에 들어가는 부분의 공간을 알맞게 분할하여 주위에 닿지 않도록 쓴다.	國	團	圓	園	圈
		問	間	開	閨	悶
繞	走 는 먼저 쓰고	起	辶 廴	는 나중에 쓰며, 대략 네모가 되도록 쓴다.		迎

扁변	旁방

冠관
沓답

垂수

構구

繞요

單단	獨독

整形法

(1) 分間(분간) / 같은 방향의 획이 여러 개 중복되는 글자는 간격을 고르게 해야 한다.
(2) 減勾(감구) / 갈퀴가 중복되는 글자는 그 중 하나 또는 전부를 생략한다.
(3) 減捺(감날) / 파임이 중복되는 글자는 그 하나를 점으로 변화시킨다.
(4) 中心(중심) / 어느 글자이고 중심이 중요하지만 특히 다음과 같은 모양의 글자는 중심에 유의해야 한다.
(5) 槪形(개형) / 대개의 글자는 간단한 기하형으로 묶을 수 있으므로, 그 모양에 맞추어 쓴다.

分間	書	州	佳
減勾	林	精	比
減捺	食	炎	養
中心	業	常	參

漢字楷書의 基本點·劃

漢字의 基本이 되는 點·劃을 충분히 익힌 다음 第一章으로 넘어 가야 합니다. 漢字學習에서 "點·劃을 알고 모르고"에 따라 그 能率이 있고 없다할 만큼 중요하기 때문에 필히 정성껏 연습해야 합니다.

꼭지점	왼 점	오른 점	가로긋기
45°로 뉘인듯 짧게 내린다.	펜을 가늘게 대어 좌하향으로 살짝 눌러 멈춘다.	펜을 가늘게 대어 우하향으로 약간 굽혀서 눌러 맺는다.	시작을 눌러서 진행은 가볍게 들어, 끝부분에서 다시 눌러 맺는다.

내려긋기	짧은삐침	선 삐침	휘인삐침	꺾 음	왼갈고리
시작을 45°의 각도로 눌러 살며시 곧게 내려 멎는다.	시작을 눌러서 찍듯하여 좌하향으로 살며시 예리하게 삐친다.	시작을 눌러서 부드럽고 곧게 내리다 좌하향으로 살며시 삐친다.	휘는 각도를 유념하여 좌하향으로 내려 삐친다.	꺾는 부위에 모를 깎는 각을 주는 듯 멈춤하다 곧게 내린다.	곧게 내려 끝부위에서 45° 좌상쪽으로 살며시 들어 삐친다.

漢字의 基本點·劃

굽은갈고리	꺾은왼갈고리	지게다리	봉늘개	새 가슴	누운지게다리
점선에 기준을 두고 휘어 긋다가 끝부위에서 살짝 들어 삐친다.	꺾은 부위에 각을 죽이듯 머뭇하다 약간 굽게 진행하다 삐친다.	시작을 찍어 부드럽게 우하향으로 굽게 내려 끝부위에서 위로 삐친다.	꺾이는 부위의 모를 죽여 머뭇하다 안으로 휘는 듯 우하향으로 내린다.	꺾이는 부위에 모나지 않게 둥글게 진행하다 끝부위를 살짝 위로 삐친다.	가볍게 펜을 대어 뉘인듯 오른 쪽으로 진행하다 끝부위를 살짝 위로 삐친다.

치 침	오른갈고리	꺾은삐침	가로갈고리	파 임	누운파임
좌에서 우하향으로 찍어 우상향으로 들 듯 삐친다.	약간 좌하향으로 내리 듯 하다가 꺾인 부위에서 머뭇하여 우상향으로 삐친다.	짧게 가로 긋기하다 모나지 않게 머뭇하다 좌하향으로 굽어 삐친다.	가로 찍어 긋다가 머뭇하다 우하향으로 짧게 들어 삐친다.	수평으로 짧게 펜을 대어 우하향으로 내리다 끝부위에서 찍어 삐친다.	파임보다 더 눕혀 우하향으로 내리다가 찍은 듯 오른 쪽으로 삐친다.

教育部選定 1800字

教育部選定 1800字는 大學人은 물론 一般人에게도 社會生活에 있어 가장 基礎가 되는 漢字인만큼 必히 익혀야 할 章입니다. 漢字學習은 가급적이면 맑은 精神에서 거듭 반복하고 꾸준한 의지와 인내로 무리하지 않는 한도의 page량을 자신이 정하여 재미를 붙여야 보다 능률적인 학습을 할 수 있습니다.

價格	加工	可能	假令
가격 : 화폐로써 나타내는 상품의 교환가치. 예 價格統制.	가공 : 천연물이나 미완성품에 수공을 더함. 예 加工生産.	가능 : 할 수 있음. 될 수 있음. 예 可能性.	가령 : 예를 들면. 이를테면(가정하여 말할 때 쓰는 말).

값 가	법 격	더할 가	장인 공	옳을 가	능할 능	거짓 가	하여금 령

간교한 말은 덕을 어지럽히고, 작은 것을 참지 못하면 큰 일을 어지럽힌다.
                                                    - 공자(孔子) -

巧言은 亂德이오 小不忍則亂大謀니라
교 언   난 덕   소 불 인 즉 난 대 모

♣ 공자(孔子) 춘추시대 말기 노나라 추읍(陬邑)에서 출생, 이름은 구(丘), 자(字)는 중니(仲尼), 유교의 비조(鼻祖).〔B.C. 552~479〕

佳作	家族	各個	脚本	奸巧	簡單
가작 : 잘된 작품. 당선 다음 가는 작품.	가족 : 부부를 기초로 하여 한 가정을 이루는 사람들. 예家族制度.	각개 : 따로따로 된 하나 하나. 낱낱. 예各個點呼.	각본 : 연극의 꾸밈새·무대 모양·배우의 대사 따위를 적은 글. 비劇本.	간교 : 간사하고 교활함.	간단 : 간략하고도 요령있는 짤막한 것. 예簡單明瞭.

佳	作	家	族	各	個	脚	本	奸	巧	簡	單
아름다울 가	지을 작	집 가	겨레 족	각각 각	낱 개	다리 각	근본 본	간사할 간	공교할 교	편지 간	홀로 단

곡식과 비단을 가진 사람은 굶주리고 추움을 두려워하지 않고, 도덕을 쥔 사람은 흉칙하고 간사함을 두려워 않는다.

— 도회(到會) —

持穀帛者는 **不愛飢寒**하고 **把道德者**는 **不畏凶邪**니라
지 곡 백 자   불 애 기 한   파 도 덕 자   불 외 흉 사

♣도회(到會) 신원 미상의 인물.

教育部 選定 1800字

幹部	懇切	干拓	看護	監督	感謝
간부 : 단체의 수뇌부의 임원. 예 中間幹部.	간절 : 지성스럽고 절실함. 예 懇切한 所望.	간척 : 바닷가 등에 제방을 쌓고 육지나 경작지로 만듦.	간호 : 환자나 병약한 사람 등을 보살펴 돌봄. 예 看護師.	감독 : 보살펴 단속함. 또는, 그렇게 하는 사람. 예 監督機關.	감사 : 고마움. 고맙게 여기어 사의를 표함. 예 感謝狀.

줄기 간	거느릴 부	간절할 간	벨 절	방패 간	열 척	볼 간	보호할 호	감독할 감	살필 독	느낄 감	감사 사

공손하면서 예가 없으면 힘이 들게 되고, 신중하면서 예가 없으면 두려워지고, 용감하면서 예가 없으면 난폭해지고, 정직하면서 예가 없으면 박절하여진다.

— 공자(孔子) —

恭而無禮則勞하고 愼而無禮則葸하고 勇而無禮則亂하고 直而無禮
공 이무례즉노   신 이무례즉시   용 이무례즉난   직 이무례
則絞니라
즉교

14 教育部 選定 1800字

甲種 江邊 講義 剛直 槪念 改良

- **甲種**: 사물을 분류하는 기준 중 그 으뜸가는 종류. 예)甲種合格.
- **江邊**: 강가. 물가. 예)江邊歌謠祭.
- **講義**: 글이나 학설의 뜻을 강설함. 예)講義室.
- **剛直**: 마음이 굳세고 곧음. 예)剛直한 性格.
- **槪念**: 여러 관념 속에서 공통 요소를 추상하여 종합한 하나의 관념.
- **改良**: 나쁜 점을 고쳐 좋게 함. 예)改良品.

갑옷 갑 / 씨 종 / 강 강 / 강가 변 / 강론할 강 / 옳을 의 / 굳셀 강 / 곧을 직 / 대개 개 / 생각 념 / 고칠 개 / 어질 량

> 군자가 용맹만 있고 예가 없으면 세상을 어지럽게 하고, 소인이 용맹만 있고 예가 없으면 도둑이 되느니라.
> — 공자(孔子) —

君子가 有勇而無禮면 爲亂하고 小人이 有勇而無禮면 爲盜니라
군자 유용이무례   위란   소인   유용이무례   위도

教育部 選定 1800字 15

開業	蓋瓦	更新	距離	巨額	居住
개업 : 영업을 시작함. 예 開業醫.	개와 : 지붕에 기와를 임. 예 蓋瓦匠.	갱신 : 다시 새로워짐. 또는 그렇게 고침. 예 登錄更新.	거리 : 두 곳 사이의 떨어진 정도.	거액 : 적지 않은 많은 액수의 금액. 예 巨額 詐取.	거주 : 일정한 곳에 자리를 잡고 머물러 삶. 예 居住地.

開	業	蓋	瓦	更	新	距	離	巨	額	居	住
열 개	업 업	덮을 개	기와 와	다시 갱	새 신	떨어질 거	떠날 리	클 거	이마 액	살 거	머무를 주

군자의 사귐은 담박하기가 물 같고, 소인의 사귐은 달콤하기가 단술 같으니라.

— 명심보감(明心寶鑑) —

君子之交는 淡如水하고 小人之交는 甘若醴니라
군 자 지 교 담 여 수   소 인 지 교 감 약 례

♣ 명심보감(明心寶鑑) 어린이들의 인격 수양을 위해 주로 중국 고전에서 보배로운 말을 뽑아 고려 충렬왕(忠烈王)때 명신(名臣) 추적(秋適)이 엮은 교양서임.

教育部 選定 1800字

健康	建物	乾燥	檢擧	儉素	激甚
건강 : 몸에 탈이 없고 튼튼함. 예)健康診斷.	건물 : 땅 위에 세워 이룬 건축물. 예)建物登記.	건조 : 습기·물기가 없어짐. 예)無味乾燥.	검거 : 죄상을 조사하려고 용의자를 경찰에서 잡아감.	검소 : 검박하고 소박함. 예)儉素한 生活.	격심 : 과격하게 심함. 예)激甚한 打擊.

| 굳셀 건 | 편안할 강 | 세울 건 | 만물 물 | 마를 건 | 마를 조 | 검사할 검 | 들 거 | 검소할 검 | 바탕 소 | 부딪칠 격 | 심할 심 |

귀로 남의 그릇됨을 듣지 아니하고, 눈으로 남의 단점을 보지 아니하고, 입으로 남의 허물을 말하지 않아야 군자에 가깝느니라   - **명심보감**(明心寶鑑) -

耳 不 聞 人 之 非 하고　目 不 視 人 之 短 하고　口 不 言 人 之 過 라야　庶 幾
이 불 문 인 지 비　　　목 불 시 인 지 단　　　구 불 언 인 지 과　　　서 기
君 子 니라
군 자

教育部 選定 1800字

擊退	堅固	犬豚	絹絲	肩章	結論
격퇴: 적을 쳐서 물리침. 예)敵軍擊退.	견고: 굳고 튼튼함. 예)堅固한 守備.	견돈: 개와 돼지. 범용한 사람.	견사: 깁이나 비단을 짜는 명주실. 예)人造絹絲.	견장: 군인이나 관리 등의 제복 어깨에 붙이는 표장.	결론: 말이나 글의 끝맺는 부분.

| 칠 격 | 물러날 퇴 | 굳을 견 | 굳을 고 | 개 견 | 돼지 돈 | 비단 견 | 실 사 | 어깨 견 | 글 장 | 맺을 결 | 의논할 론 |

귀로는 항상 귀에 거슬리는 말을 듣고 마음 속에는 항상 마음에 어긋나는 일이 있다면, 이것이야 말로 덕성을 향상시키고 행실을 닦는 숫돌이 될 수 있느니라.
— 채근담(菜根譚) —

耳中에 常聞逆耳之言하고 心中에 常有拂心之事면 纔是進德修行
이중 상문역이지언   심중 상유불심지사   재시진덕수행
的 砥石이니라
적 지석

潔白	決算	缺陷	謙讓	頃刻	耕具
결백: 행동이나 지조 등을 더럽힘이 없이 깨끗함. 예)淸廉潔白.	결산: 일정한 기간내의 수입과 지출을 마감한 계산. 예)月末決算.	결함: 부족하고 불완전하여 흠이 되는 구석. 비)缺點.	겸양: 겸손한 태도로 사양함.	경각: 극히 짧은 시간. 눈 깜박하는 사이.	경구: 토지를 경작하는 데 쓰는 기구.

| 깨끗할 결 | 흰 백 | 결산할 결 | 셈할 산 | 어지러질 결 | 빠질 함 | 겸손할 겸 | 사양할 양 | 잠깐 경 | 새길 각 | 갈 경 | 갖출 구 |

나를 착하다고 말하여 주는 사람은 곧 나에게 해로운 사람이요, 나의 나쁨을 말하여 주는 사람은 곧 나의 스승이니라.

— 명심보감(明心寶鑑) —

道吾善者는 是吾賊이오 道吾惡者는 是吾師니라
도 오 선 자 시 오 적   도 오 악 자 시 오 사

教育部 選定 1800字

京畿	徑路	傾斜	庚戌	輕視	硬軟
경기: 서울을 중심한 가까운 주위의 땅. 예 京畿道.	경로: 지름길. 어떤 일의 이루기 쉬운 길. 비 捷徑.	경사: 비스듬히 기울어짐. 예 傾斜角度.	경술: 60갑자의 마흔일곱째. 예 庚戌年.	경시: 가볍게 봄. 반 重視. 예 人命輕視.	경연: 단단함과 부드러움.

| 서울 경 | 경기 기 | 지름길 경 | 길 로 | 기울 경 | 비낄 사 | 천간 경 | 개 술 | 가벼울 경 | 볼 시 | 단단할 경 | 연할 연 |

남에게 원수를 맺는 것은 재앙의 씨를 심는 것이라 말하고, 착한 것을 버리고 행하지 않는 것은 스스로를 해치는 것이라 하느니라.
- **경행록**(景行錄) -

結 怨 於 人은 謂 之 種 禍요 捨 善 不 爲는 謂 之 自 賊이니라
걸 원 어 인   위 지 종 화   사 선 불 위   위 지 자 적

♣ **경행록**(景行錄) 송(宋)나라 때의 책이름.

教育部 選定 1800字

驚異	競爭	經濟	警察	慶祝	景致
경이: 놀라서 이상히 여김. 예 驚異的.	경쟁: 같은 목적에 관하여 서로 겨루어 다툼. 예 競爭意識.	경제: 인간생활의 유지·발전에 필요한 재화를 이용하는 과정의 활동.	경찰: 국민의 생명·재산을 보호하며 공안 유지를 책무로 하는 관청 또는 공무원.	경축: 경사를 축하함. 예 慶祝行事.	경치: 산수 등 자연계의 아름다운 현상. 비 景觀.

驚	異	競	爭	經	濟	警	察	慶	祝	景	致
놀랄 경	다를 이	다툴 경	다툴 쟁	지날 경	구제할 제	경계할 경	살필 찰	경사 경	빌 축	볕 경	이를 치

남을 책하는 자는 사귐을 온전히 할 수 없고, 자기를 용서하는 자는 허물을 고치지 못하느니라.

— 경행록(景行錄) —

責人者는 不全交요 自恕者는 不改過니라
책인자   부전교   자서자   불개과

教育部 選定 1800字

溪谷	階級	鷄卵	計量	啓蒙	系譜
계곡: 물이 흐르는 골짜기.	계급: 지위·관직 등의 등급. 예 階級鬪爭.	계란: 달걀.	계량: 양의 크기를 잼. 예 計量器.	계몽: 어린 아이나 무식한 이들을 일깨워 줌. 예 啓蒙思想.	계보: 사람의 혈연 관계 및 학문·사상 등의 계통을 이어온 기록.

시내 계 / 골 곡 | 섬돌 계 / 등급 급 | 닭 계 / 알 란 | 꾀할 계 / 헤아릴 량 | 열 계 / 어릴 몽 | 실 계 / 계보 보

남의 착한 것을 보고 자신의 착한 것을 찾고, 남의 악한 것을 보고 자신의 악한 것을 찾을 것이니, 이와 같이 해야 바야흐로 유익함이 있을 것이니라.

— **성리서**(性理書) —

見人之善而尋己之善하고 見人之惡而尋己之惡이니 如此라야
견 인 지 선 이 심 기 지 선   견 인 지 악 이 심 기 지 악   여 차
方是有益이니라
방 시 유 익

敎育部 選定 1800字

繼續	桂樹	契約	癸酉	季節	枯渴
계속 : 끊이지 않고 늘 잇대어 나아감. 예 繼續進行.	계수 : 계수나무	계약 : 약속. 약정. 예 契約保證金.	계유 : 60갑자의 열째.	계절 : 일년을 넷으로 나눈 봄·여름·가을·겨울.	고갈 : 물·자원·재화 등이 매우 귀하게 됨. 예 資源의 枯渴.

| 이을 계 | 이을 속 | 계수나무계 | 나무 수 | 맺을 계 | 맺을 약 | 천간 계 | 닭 유 | 철 계 | 마디 절 | 마를 고 | 목마를 갈 |

남의 착한 일을 보거든 곧 모름지기 이를 기억하고, 남의 악한 일을 보거든 곧 모름지기 이를 덮어두라.
— 강태공(姜太公) —

見人善事어든 卽須記之하고 見人惡事어든 卽須掩之하라
건 인 선 사   즉 수 기 지   건 인 악 사   즉 수 엄 지

教育部 選定 1800字

苦待	孤獨	顧慮	高低	古蹟	鼓吹
고대 : 몹시 기다림. 예 鶴首苦待.	고독 : 같이 있어주는 사람없이 외로움.	고려 : 다시 돌이켜 생각함.	고저 : 높고 낮음. 예 高低長短.	고적 : 남아있는 옛적 물건이나 그것이 있던 자리.	고취 : 용기와 기운을 북돋아 일으킴. 예 士氣鼓吹.

苦	待	孤	獨	顧	慮	高	低	古	蹟	鼓	吹
괴로울 고	기다릴 대	외로울 고	홀로 독	돌아볼 고	생각 려	높을 고	낮을 저	옛 고	자취 적	북 고	불 취

남의 허물을 들으면 부모의 이름을 듣는 것과 같이 하여, 귀로는 가히 들을지언정 입으로 말해서는 안 되느니라.
— 마원(馬援) —

聞人之過失이어든 如聞父母之名하여 耳可得聞이언정 口不可言也니라
문인지과실 여문부모지명 이가득문 구불가언 야

教育部 選定 1800字

故鄉	哭聲	困窮	骨肉	恭敬	供給
고향 : 조상부터 오래 누려 살던 곳. 나서 자란 곳. 예 故鄉山川.	곡성 : 가슴 저미도록 슬피우는 소리.	곤궁 : 가난하고 구차함.	골육 : 뼈와 살. 예 骨肉之親. 骨肉相爭.	공경 : 공손히 섬김. 예 父母恭敬.	공급 : 수요에 응하여 물품을 제공함. 예 需要供給.

| 연고 고 | 고을 향 | 울 곡 | 소리 성 | 곤란할 곤 | 궁할 궁 | 뼈 골 | 고기 육 | 공손할 공 | 공경 경 | 이바지할 공 | 줄 급 |

남의 흉한 것을 민망히 여기고, 남의 착한 것을 즐겁게 여기며, 남의 급한 것을 건져 주고, 남의 위태함을 구하여 주어야 되느니라. **– 명심보감**(明心寶鑑) –

悶人之凶하고 樂人之善하며 濟人之急하고 救人之危니라
민인지흉   낙인지선   제인지급   구인지위

教育部 選定 1800字

攻防	共通	公布	貢獻	孔穴	果敢
공방: 공격과 방어. 예 熾烈한 攻防戰.	공통: 여럿 사이에 같은 관계가 있음. 예 共通課題.	공포: 법률·예산·조약 따위를 국민에게 고시함.	공헌: 어떤 일에 이바지함. 예 貢獻度.	공혈: 구멍.	과감: 과단성이 있고 용감함. 예 果敢한 결정.

| 칠 공 | 막을 방 | 함께 공 | 통할 통 | 공변될 공 | 베 포 | 바칠 공 | 드릴 헌 | 구멍 공 | 구멍 혈 | 실과 과 | 굳셀 감 |

남자가 가르침을 받지 못하면 자라서 반드시 완고하고 어리석으며, 여자가 가르침을 받지 못하면 자라서 반드시 거칠고 솜씨가 없느니라. - 강태공(姜太公) -

男子失敎면 **長必頑愚**하고 **女子失敎**면 **長必麤疎**니라
남자실교   장필완우   여자실교   장필추소

♣ 강태공(姜太公) 이름은 상(尙). 주나라 무왕(武王)을 도와 은(殷)나라 주왕(紂王)을 멸망시킨 정치가요 병략가(兵略家)임. 태공망(太公望)이라고도 함.

過去	誇示	寡言	科程	關係	貫斤
과거 : 지나간 때. 예 過去之事.	과시 : 사실보다 크게 나타내어 자랑함. 예 自身을 誇示.	과언 : 말이 적음. 비 寡默	과정 : 학과 과정. 순서, 차례. 예 學士科程.	관계 : 둘 이상이 서로 걸림. 예 相互關係.	관근 : 무게의 기본단위(1관=3.759kg, 1근=600g)

지날 과 갈 거 / 자랑할 과 보일 시 / 적을 과 말씀 언 / 조목 과 한도 정 / 관계할 관 맬 계 / 꿰일 관 근 근

낮은 곳에 머물러 본 뒤에라야 높은 데 올라감이 위험한 줄을 알게 되고, 어두운 데 있어 본 뒤에라야 빛을 대함이 눈부신 줄 알게 되느니라. − **채근담**(菜根譚) −

居卑而後에 知登高之爲危하고 處晦而後에 知向明之太露하니라
거 비 이 후   지 등 고 지 위 위   처 회 이 후   지 향 명 지 태 로

♣ **채근담**(菜根譚) 중국 명나라의 홍자성(洪自誠)이 유교의 사상을 줄기로 하여 노장(老莊)·선학(禪學)의 설을 받아들여 지은 책.

敎育部 選定 1800字

觀覽	慣例	官吏	寬容	廣場	怪漢
관람: 연극·영화·경기 따위를 구경함. 예) 觀覽客.	관례: 관습이 된 전례. 예) 慣例的인 行事.	관리: 관직에 있는 사람. 예) 官廳官吏.	관용: 너그럽게 용서하고 용납함.	광장: 여러 갈랫길이 모이는 곳에 만든 너른 마당. 예) 驛前廣場.	괴한: 차림새나 행동이 괴상한 사람.

| 볼 관 | 볼 람 | 익숙할 관 | 법식 례 | 벼슬 관 | 벼슬아치 리 | 너그러울 관 | 얼굴 용 | 넓을 광 | 마당 장 | 괴이할 괴 | 물이름 한 |

내가 남에게 베푼 공덕은 마음에 새겨 두지 말고, 내가 남에게 잘못한 허물은 마음에 새겨 두어라. 남이 나에게 베푼 은혜는 잊지 말고, 남이 나에게 끼친 원한은 잊어버리지 않으면 안되느니라.
— 채근담(菜根譚) —

我有功於人은 不可念이나 而過則不可不念이요 人有恩於我는 不可
아유공어인   불가념   이과즉불가불념   인유은어아   불가
忘이나 而怨則不可不忘이니라
망   이원즉불가불망

教育部 選定 1800字

交涉	郊外	校友	矯正	拘禁	救急
교섭: 어떤 일을 목적으로 서로 만나 의논함. 예 交涉團體.	교외: 시가에 인접한 가의 주변. 예 郊外道路.	교우: 동창의 벗. 예 校友會誌.	교정: 틀어지거나 굽은 것을 바로잡음. 예 視力矯正.	구금: 신체의 자유를 구속하여 유치시킴.	구급: 급난을 구원함. 응급조처를 취함. 예 救急治療.

| 사귈 교 | 물건널 섭 | 들 교 | 바깥 외 | 학교 교 | 벗 우 | 바로잡을 교 | 바를 정 | 잡을 구 | 금할 금 | 구원할 구 | 급할 급 |

내가 만약 남에게서 욕설을 듣더라도 거짓 귀먹은 체하고 시비를 가려서 말하지 말라. 비유컨대 불이 허공을 태우는 것과 같아서, 끄지 않아도 저절로 꺼진다. 내 마음은 허공과 같거늘, 도시 너는 입술과 혀만을 놀릴 뿐이니라. -명심보감(明心寶鑑)-

我若被人罵라도 佯聾不分說하라 譬如火燒空하여 不救自然滅이라 我
아 약 피 인 매   양 롱 불 분 설   비 여 화 소 공   불 구 자 연 멸   아
心은 等虛空이어늘 摠爾翻唇舌이니라
심   등 허 공   총 이 번 순 설

教育部 選定 1800字

構圖	丘陵	舊面	區域	苟且	驅逐
구도: 미적 효과를 목적으로 조화되게 배치하는 구성 도면.	구릉: 언덕. 높이 300m미만의 골짜기.	구면: 안지 오래된 얼굴.	구역: 갈라 놓은 지역. 예) 安全區域.	구차: 군색스럽고 구구함. 예) 苟且한 辨明.	구축: 몰아 쫓아냄. 예) 驅逐艦.

構圖　丘陵　舊面　區域　苟且　驅逐

이룰 구　그림 도　언덕 구　언덕 릉　옛 구　낯 면　구역 구　지경 역　구차할 구　또 차　몰 구　쫓을 축

내가 어버이에게 효도하면 내 자식이 또한 나에게 효도하는 것이니, 내가 이미 어버이에게 효도하지 못하였으면 자식이 어찌 나에게 효도할 것인가.

— 강태공(姜太公) —

孝 於 親 이면　子 亦 孝 之 하나니　身 旣 不 孝 면　子 何 孝 焉 이리오
효 어 친　　　자 역 효 지　　　　신 기 불 효　　자 하 효 언

鷗鶴	君臣	群衆	郡廳	屈曲	弓矢
구학: 갈매기와 두루미.	군신: 임금과 신하. 예 君臣有義.	군중: 한 곳에 떼를 지어 모여 있는 사람의 무리. 예 群衆示威.	군청: 군의 행정 사무를 맡은 관청. 예 行政郡廳.	굴곡: 상하 좌우로 꺾이고 굽음. 예 屈曲線.	궁시: 활과 화살.
갈매기 구	두루미 학	임금 군	신하 신	무리 군	무리 중	고을 군	관청 청	굽을 굴	굽을 곡	활 궁	화살 시

너의 꾀함이 좋지 못하면 이를 후회한들 어찌 미치며, 너의 소견이 훌륭하지 못하면 이를 가르쳐 준들 무슨 이익이 있겠는가? 이(利)를 생각하는 마음만 오로지 한다면 도(道)에 어그러지고, 사사로운 뜻이 굳으면 공사(公事)를 망치게 되느니라.

— **명심보감**(明心寶鑑) —

爾謀不臧이면 悔之何及이며 爾見不長이면 敎之何益이리오 利心專則
이 모 부 장   회 지 하 급   이 견 부 장   교 지 하 익   이 심 전 즉
背道요 私意確則滅公이니라
배 도   사 의 확 즉 멸 공

宮廷	卷末	勸誘	拳銃	龜鑑	貴下
궁정 : 대궐. 예宮廷詩人.	권말 : 책의 맨 끝. 예卷末附錄 반卷頭言.	권유 : 권장해서 하도록 함. 예保險勸誘.	권총 : 짧고 작은 호신용 총. 예拳銃强盜.	귀감 : 사물의 거울. 본보기가 될 만함. 비模範.	귀하 : 상대방을 높여 부르는 말.

| 궁궐 궁 | 조정 정 | 책 권 | 끝 말 | 권할 권 | 꾀일 유 | 주먹 권 | 총 총 | 거북이 귀 | 거울 감 | 귀할 귀 | 아래 하 |

널리 배워서 뜻을 두텁게 하고 묻기를 간절히 하여 생각을 가까이 하면 인(仁)이 그 속에 있느니라.

— 공자(孔子) —

博學而篤志하고 切問而近思면 仁在其中矣니라
박학이독지   절문이근사   인재기중의

歸還	閨房	規則	均等	克服	根據
귀환 : 제자리로 다시 돌아옴. 예 歸還者.	규방 : 안방. 예 閨房文學.	규칙 : 여러 사람이 다 같이 지키기로 작정한 법칙. 예 規則生活.	균등 : 고르고 가지런 하여 차별이 없음. 예 機會均等.	극복 : 어려운 일을 이 겨내어 굴복시킴. 예 苦難克服.	근거 : 의론 등에 그 근 본이 되는 터전. 예 根 據資料.

歸	還	閨	房	規	則	均	等	克	服	根	據
돌아올 귀	돌아올 환	안방 규	방 방	법 규	법 칙	고를 균	무리 등	이길 극	옷 복	뿌리 근	의거할 거

> 높은 낭떠러지를 보지 않으면 어찌 굴러 떨어지는 환난을 알며, 깊은 못에 가지 않으면 어찌 빠져 죽는 환난을 알며, 큰 바다를 보지 않으면 어찌 풍파의 환난을 알리요.
> — 공자(孔子) —

不觀高崖면 何以知顚墜之患이며 不臨深淵이면 何以知沒溺之
불 관 고 애   하 이 지 전 추 지 환   불 림 심 연   하 이 지 몰 닉 지
患이며 不觀巨海면 何以知風波之患이리오
환   불 관 거 해   하 이 지 풍 파 지 환

教育部 選定 1800字

勤勉	謹愼	禽獸	錦衣	金錢	肯定
근면 : 부지런하게 힘씀. 예)勤勉自助.	근신 : 과오에 대해 반성하고 들어 앉아 행동을 삼감.	금수 : 날짐승과 길짐승. 모든 짐승.	금의 : 비단옷. 예)錦衣還鄕.	금전 : 쇠붙이나 동·은·금으로 만든 돈. 예)金錢關係.	긍정 : 사물의 일정한 관계를 승인함. 반)否定. 예)肯定的 思考.

| 부지런할 근 | 힘쓸 면 | 삼갈 근 | 삼갈 신 | 날짐승 금 | 길짐승 수 | 비단 금 | 옷 의 | 쇠 금 | 돈 전 | 즐길 긍 | 정할 정 |

눈을 경계하여 다른 사람의 그릇된 것을 보지 말고, 입을 경계하여 다른 사람의 결점을 말하지 말고, 마음을 경계하여 탐내거나 성내지 말고, 몸을 경계하여 나쁜 벗을 따르지 말라.
— 자허원군(紫虛元君) —

戒 眼 莫 看 他 非 하고 戒 口 莫 談 他 短 하고 戒 心 莫 自 貪 嗔 하고 戒 身
계 안 막 간 타 비   계 구 막 담 타 단   계 심 막 자 탐 진   계 신
莫 隨 惡 伴 하라
막 수 악 반

教育部 選定 1800字

棄却	紀綱	機械	己卯	騎士	技術
기각: 법원에서 수리한 심리를 원심으로 되돌려 보냄. 예) 抗訴棄却.	기강: 기율과 법강. 예) 紀綱確立.	기계: 인력을 직접 쓰지 않고 원동력으로 제조·생산하는 장치.	기묘: 60 갑자의 열여섯째. 예) 己卯士禍.	기사: 말을 탄 무사. 예) 騎士道精神.	기술: 이론·과학을 실지로 응용하는 재주. 예) 資本과 技術.

| 버릴 기 | 물러설 각 | 벼리 기 | 벼리 강 | 틀 기 | 형틀 계 | 몸 기 | 토끼 묘 | 말탈 기 | 선비 사 | 재주 기 | 꾀 술 |

늙은이와 젊은이, 어른과 어린이는 하늘이 나누어 준 차례이니, 이치에 어긋나게 해서 도의를 상하게 해서는 안 되느니라.
― 명심보감(明心寶鑑) ―

老少長幼는 **天分秩序**니 **不可悖理而傷道也**니라
노소장유 천분질서 불가패리이상도야

教育部 選定 1800字

飢餓	奇巖	祈願	起因	記載	忌祭
기아 : 굶주림. 예飢餓 狀態.	기암 : 기이한 바위. 예奇巖怪石.	기원 : 바라는 일이 이루어지기를 빎. 예統一祈願.	기인 : 일이 일어나는 원인.	기재 : 기록하여 올림. 기록하여 실음. 예記載事項.	기제 : 해마다 죽은 날에 지내는 제사.

| 주릴 기 | 주릴 아 | 기이할 기 | 바위 암 | 빌 기 | 원할 원 | 일어날 기 | 인할 인 | 기록할 기 | 실을 재 | 꺼릴 기 | 제사 제 |

다른 사람을 헤아리려거든 먼저 모름지기 스스로를 헤아려 보아라. 남을 해치는 말은 도리어 스스로를 해치게 되는 것이니, 피를 머금어 남에게 뿜자면 먼저 자기의 입이 더러워지느니라.

— 강태공(姜太公) —

欲量他人이어든 先須自量하라 傷人之語는 還是自傷이니 含血噴人이면 先汚其口니라

욕 량 타 인 선 수 자 량 상 인 지 어 환 시 자 상 함 혈 분 인 선 오 기 구

教育部 選定 1800字

寄贈	幾千	基礎	其他	旗幅	期限
기증 : 물품을 보내어 증정함.	기천 : 몇 천. 예)幾千萬원.	기초 : 사물의 밑바탕. 예)基礎知識.	기타 : 그 밖의 또 다른 것. 예)其他事項.	기폭 : 깃발의 나비.	기한 : 미리 한정한 시기. 예)約束期限.

부칠 기	줄 증	몇 기	일천 천	터 기	주춧돌 초	그 기	남 타	기 기	기폭 폭	기약할 기	한정 한

담력은 크게 가지도록 하되 마음은 작은 양 조심스럽게 하고, 지혜는 원만하도록 하되 행동은 방정하도록 해야 하느니라.

― 손사막(孫思邈) ―

膽欲大而心欲小하고 知欲圓而行欲方이니라
담 욕 대 이 심 욕 소   지 욕 원 이 행 욕 방

♣ 손사막(孫思邈) 중국 당(唐)나라 때의 명의(名醫).

教育部 選定 1800字

既婚	企劃	氣候	緊縮	吉凶	煖爐
기혼: 이미 혼인함. (반) 未婚.	기획: 일을 계획함. (예) 企劃調整室.	기후: 1년의 24기와 72후를 통틀어 일컫는 말. (예) 異常氣候.	긴축: 바짝 줄임. (예) 緊縮豫算.	길흉: 좋은 일과 언짢은 일. 행운과 재앙. (예) 吉凶禍福.	난로: 연료를 피워 실내를 덥게 하기 위한 기구나 장치.

이미 기	혼인할 혼	꾀할 기	그을 획	기운 기	기후 후	요긴할 긴	줄 축	길할 길	흉할 흉	더울 난	화로 로

대장부는 착한 것을 보는 것이 밝으므로 명분과 절의(節義)를 태산보다 중하게 여기고, 마음 쓰기가 굳세기 때문에 죽는 것과 사는 것을 기러기의 털보다 가볍게 여기느니라.

― 경행록(景行錄) ―

大丈夫는 見善明故로 重名節於泰山하고 用心剛故로 輕死生於鴻毛니라
대장부 견선명고 중명절어태산   용심강고 경사생어홍모

難題	納付	乃至	努力	奴婢	農村
난제: 어려운 문제. 어려운 일. 예難題解決.	납부: 세금·공과금 따위를 바침. 예納付金.	내지: 말의 중간을 줄일 때 쓰는 접속격 조사. 예三乃至五.	노력: 애를 쓰고 힘을 들임. 예努力奉仕.	노비: 사내종과 계집종의 총칭. =종.	농촌: 농사짓는 사람들이 사는 시골 마을. 예農村振興.

難題	納付	乃至	努力	奴婢	農村
어려울 난 · 표제 제	들일 납 · 줄 부	이에 내 · 이를 지	힘쓸 노 · 힘 력	사내종 노 · 계집종 비	농사 농 · 마을 촌

덕이 적으면서 지위가 높고, 지혜 없으면서 꾀하는 것이 크다면, 화(禍)가 없는 자가 드물 것이니라.
— 주역(周易) —

德微而位尊하고 智小而謀大면 無禍者鮮矣니라
덕 미 이 위 존　　 지 소 이 모 대　　 무 화 자 선 의

♣ 주역(周易) 천문·지리·인사·물상(物象) 등을 음양 변화의 원리에 따라 해명했음.

教育部 選定 1800字

濃厚	腦炎	檀木	端緒	團束	但只
농후: 빛깔이 매우 짙음. 액체가 묽지 않고 진함.	뇌염: 뇌수에 염증이 생겨 일어나는 병의 총칭.	단목: 박달나무.	단서: 일의 처음. 일의 실마리. 예)事件端緒.	단속: 경계를 단단히 하여 다잡음. 예)團束 期間.	단지: 다만. 겨우.

| 짙을 농 | 두터울 후 | 머리 뇌 | 더울 염 | 박달나무단 | 나무 목 | 끝 단 | 실마리 서 | 단체 단 | 묶을 속 | 다만 단 | 다만 지 |

> 도리에 관한 일은 그 어려움을 꺼리어 조금이라도 물러서지 말라. 한 걸음이라도 물러서면 문득 일천 산악이 가로막는 거리로 뒤떨어지게 되느니라.
>
> — 채근담(菜根譚) —

理路上事는 毋憚其難하여 而稍爲退步하라 一退步면 便遠隔千山이니라
이 로 상 사 무 탄 기 난   이 초 위 퇴 보   일 퇴 보 변 원 격 천 산

丹楓	黨員	隊列	代替	對話	道德
단풍: 늦가을에 빛이 붉고 누르게 변해진 나뭇잎.	당원: 당파를 이룬 사람. 당에 소속해 있는 사람.	대열: 대를 지어 늘어선 행렬. 예) 隊列離脫.	대체: 다른 것으로 바꿈.	대화: 마주 대해 이야기함. 예) 對話疏通.	도덕: 인간으로서 마땅히 지켜야 할 도리. 예) 公衆道德.

붉을 단 / 단풍나무 풍 / 무리 당 / 임원 원 / 떼 대 / 줄지을 렬 / 대신할 대 / 바꿀 체 / 대답할 대 / 말씀 화 / 길 도 / 큰 덕

마음 바탕이 광명하면 어두운 방 속에도 푸른 하늘이 있고, 생각이 어두우면 밝은 한낮에도 악귀가 나타나느니라.

— **채근담**(菜根譚) —

心體光明하면 暗室中에도 有靑天하며 念頭暗昧하면 白日下에도 生厲鬼니라
심체광명   암실중   유청천   염두암매   백일하   생려귀

教育部 選定 1800字

跳梁	陶器	桃李	徒步	都市	盜賊
도량: 함부로 날뛰어 거리낌이 없음.	도기: 오지그릇. 예)陶器藝術.	도리: 복숭아와 자두. 남이 천거한 어진 사람의 비유.	도보: 탈 것을 타지 않고 걸어감. 예)徒步距離.	도시: 도회지. 예)都市經濟. 都市計劃.	도적: 도둑. 남의 물건을 몰래 훔쳐서 그 집에 손해를 입히는 사람.

| 뛸 도 | 들보 량 | 질그릇 도 | 그릇 기 | 복숭아 도 | 오얏 리 | 무리 도 | 걸음 보 | 도읍 도 | 저자 시 | 도둑 도 | 도둑 적 |

만일 사람이 착하지 못한 일을 해서 이름을 세상에 들날린 자는 남들이 비록 해치지 않더라도 하늘이 반드시 이를 죽일 것이니라.   — 장자(莊子) —

若人이 作不善하여 得顯名者는 人雖不害나 天必戮之니라
약 인 작 불 선   득 현 명 자   인 수 불 해   천 필 육 지

教育部 選定 1800字

挑戰	到着	逃避	毒針	敦篤	同率
도전 : 싸움을 걸거나 어떤 목표를 달성하기 위해 나섬. 예)挑戰意識.	도착 : 목적지에 다다름. 예)到着豫定.	도피 : 도망하여 몸을 피함. 예)逃避行脚.	독침 : 벌·개미 따위의 암컷이 쏘는 침. 독바늘.	돈독 : 인정이 두터움. =돈후.	동률 : 같은 비례. 같은 율.

挑	戰	到	着	逃	避	毒	針	敦	篤	同	率
돋을 도	싸움 전	이를 도	붙을 착	달아날 도	피할 피	독할 독	바늘 침	두터울 돈	두터울 독	한가지 동	제한 률

만족함을 아는 사람은 가난하고 천하여도 역시 즐거울 것이요, 족함을 모르는 사람은 부하고 귀하여도 역시 근심하느니라.   - 명심보감(明心寶鑑) -

知足者는 貧賤도 亦樂이오　不知足者는 富貴도 亦憂니라
지 족 자　　빈 천　　역 락　　　부 지 족 자　　부 귀　　역 우

敎育部 選定 1800字

洞里	凍傷	銅像	東西	童謠	得意
동리 : 마을. 동과 리.	동상 : 심한 추위로 피부가 얼어서 상하는 병.	동상 : 구리로 만든 사람이나 사물의 형상.	동서 : 동쪽과 서쪽.	동요 : 어린이들의 정서를 표현한 노래. 예) 童謠作家.	득의 : 뜻을 이룸. 뜻대로 되어 뽐냄. 예) 得意揚揚.

고을 동 / 마을 리 / 얼 동 / 상할 상 / 구리 동 / 형상 상 / 동녘 동 / 서녘 서 / 아이 동 / 노래할 요 / 얻을 득 / 뜻 의

말하지 말라 오늘 배우지 않고서 내일이 있다고, 말하지 말라 금년에 배우지 않고 내년이 있다고, 세월은 가나, 나이는 나와 같이 늙지 않나니, 아! 늙었도다. 이 누구의 허물인가?

— 주문공(朱文公) —

勿謂今日不學而有來日하며 勿謂今年不學而有來年하라 日月逝
물 위 금 일 불 학 이 유 내 일   물 위 금 년 불 학 이 유 래 년   일 월 서
矣나 歲不我延이니 嗚呼老矣라 是誰之愆고
의   세 불 아 연   오 호 노 의   시 수 지 건

教育部 選定 1800字

登錄	羅卒	爛漫	蘭草	朗讀	冷濕
등록 : 문서에 올림. 예 登錄商標.	나졸 : 군아에 딸렸던 군뢰·사령의 총칭.	난만 : 꽃이 만발하여 화려함.	난초 : 난초과의 다년초. 열대지방이 원산지로서 관상용으로 재배하는 꽃.	낭독 : 소리 내어 읽음. 예 演說文朗讀.	냉습 : 차고 습함. 냉기와 습기 때문에 나는 병.

| 오를 등 | 기록할 록 | 벌일 라 | 군사 졸 | 난만할 란 | 흩어질 만 | 란초 란 | 풀 초 | 밝을 랑 | 읽을 독 | 찰 랭 | 축축할 습 |

모든 사람이 좋아할지라도 반드시 살펴야 하며, 모든 사람이 미워할지라도 반드시 살펴야 하느니라.
- 공자(孔子) -

衆이 好 之라도 必 察 焉하며 衆이 惡 之라도 必 察 焉이니라
중 호 지 필 찰 언 중 오 지 필 찰 언

教育部 選定 1800字

掠奪	糧穀	諒知	兩側	旅館	連絡
약탈: 폭력을 써서 빼앗음. 예)金品掠奪.	양곡: 양식으로 쓰는 곡식. 예)糧穀收買.	양지: 살피어 앎. 예)諒知事項.	양측: 쌍방. 양방, 양쪽의 측면. 예)兩側代表.	여관: 여행객을 치는 집.	연락: 잇대어 계속함. 예)連絡網組織.

| 노략질할 략 | 빼앗을 탈 | 양식 량 | 곡식 곡 | 살필 량 | 알 지 | 둘 량 | 곁 측 | 나그네 려 | 객사 관 | 연할 련 | 이을 락 |

무릇 모든 손아랫사람들은 일의 크고 작음이 없이 제멋대로 행동하지 말고, 반드시 집안 어른께 여쭈어 보고서 해야 하느니라. - 사마온공(司馬溫公) -

凡 諸 卑 幼는 事 無 大 小히 毋 得 專 行하고 必 咨 稟 於 家 長이니라
범 제 비 유   사 무 대 소   무 득 전 행   필 자 품 어 가 장

♣ 사마온공(司馬溫公) 이름은 광(光), 자는 군실(君實), 호는 우부(迂夫). 북송(北宋)의 정치가이며 학자. 태사온국공(太師溫國公)을 증직받았기 때문에 사마온공이라 함. 저서로 자치통감(資治通鑑)이 있음.

46 教育部 選定 1800字

聯盟	戀慕	鍊武	憐憫	蓮池	練習
연맹: 공동 목적을 가지고 행동일치를 맹약하는 일. **예** 國際聯盟.	연모: 사랑하여 그리워함.	연무: 무예를 단련함.	연민: 불쌍하고 가련함. **예** 憐憫의 情.	연지: 연못. 호수보다는 작은 못.	연습: 학문·기예 등을 연마하여 익힘. **예** 練習問題.

聯	盟	戀	慕	鍊	武	憐	憫	蓮	池	練	習
이을 련	맹세할 맹	사모할 련	사모할 모	단련할 련	호반 무	가엾을 련	가엾을 민	연 련	못 지	익힐 련	익힐 습

문 밖에 나가 있을 때는 큰 손님을 맞는 것과 같이 하고, 방에 들어 있을 때는 사람이 있는 것같이 하라.
　　　　　　　　　　　　　　　　　　　　　　　　　　　　— 명심보감(明心寶鑑) —

出門如見大賓하고 入室如有人하라
출 문 여 견 대 빈　　입 실 여 유 인

教育部 選定 1800字

廉恥	領空	靈妙	嶺峯	禮儀	露霜
염치: 염결하여 수치를 아는 마음. 예 廉恥不拘.	영공: 영토와 영해 위의 하늘. 예 領空侵犯.	영묘: 신령스럽고 기묘함. 예 靈妙한 神藥.	영봉: 산정의 재와 봉우리.	예의: 예절과 몸가짐. 예 禮儀凡節.	노상: 이슬과 서리. 또는 이슬.

청렴할 렴	부끄러울 치	거느릴 령	빌 공	신령 령	묘할 묘	재 령	봉우리 봉	예도·례	거동 의	이슬 로	서리 상

물밑의 물고기와 하늘가의 기러기는, 높은 데 있는 것은 활로 쏘고 낮은 데 있는 것은 낚을 수 있거니와, 오직 사람의 마음은 지척에 있어도, 이 지척에 있는 마음은 헤아릴 수 없다.
— 풍간(諷諫) —

水底魚 天邊雁은 高可射兮 低可釣어니와 惟有人心 咫尺間이라도 咫
수저어 천변안   고가사혜 저가조   유유인심 지척간   지
尺人心 不可料니라
척인심 불가료

老少	鹿角	雷雨	龍鳳	屢次	累積
노소 : 늙은이와 젊은이. 예 男女老少.	녹각 : 한약재로 쓰이는 사슴의 뿔.	뇌우 : 천둥 소리가 나며 요란하게 내리는 비.	용봉 : 용과 봉황.	누차 : 여러 차례. 가끔. 때때로.	누적 : 포개어 쌓음. 예 累積狀態.

| 늙을 로 | 젊을 소 | 사슴 록 | 뿔각 각 | 우레 뢰 | 비 우 | 용 룡 | 봉새 봉 | 여러 루 | 이을 차 | 포갤 루 | 쌓을 적 |

물이 지극히 맑으면 고기가 없고, 사람이 지극히 살피면 친구가 없느니라.
— 공자가어(孔子家語) —

水至清則無魚하고 人至察則無徒니라
수 지 청 즉 무 어   인 지 찰 즉 무 도

♣ 공자가어(孔子家語) 공자의 언행(言行)·일사(逸事) 등을 기록한 책.

教育部 選定 1800字　49

漏電	類似	流域	陸橋	六寸	輪番
누전 : 전기 기구나 전선에서 전기가 새어 나감.	유사 : 서로 비슷함. 예)類似商品.	유역 : 하천이 흐르는 언저리의 지역. 예)漢江流域.	육교 : 교통이 번잡한 도로·철로 위에 걸친 다리.	육촌 : 재종간의 형제·자매를 서로 일컫는 말. 비)再從.	윤번 : 돌려가며 차례로 갖는 번.

박하게 베풀고 후한 것을 바라는 자에게는 보답이 없고, 몸이 귀하게 되고 나서 천했던 때를 잊는 자는 오래 계속하지 못하느니라.
　　　　　　　　　　　　　　　　　　　　　　　　　　　　　　- 소서(素書) -

薄施厚望者는 **不報**하고 **貴而忘賤者**는 **不久**니라
박 시 후 망 자　　　불 보　　　　귀 이 망 천 자　　　불 구

♣ 소서(素書) 진(秦)나라 말기의 병략가(兵略家)인 황석공(黃石公)이 지었다 하나, 지금 세상에 있는 것은 후인이 지은 것으로, 저자가 분명치 않음.

教育部 選定 1800字

履歷	利潤	梨花	隣近	臨時	立證

이력: 지금까지 거쳐온 학업·직업 등의 내력. 예 自筆履歷書.

이윤: 장사하여 재료와 가공비를 공제한 소득분. 예 利潤分配.

이화: 배나무의 꽃. 배꽃.

인근: 이웃, 근처, 근방. 주변. 예 隣近都市.

임시: 정하지 않은 일시적인 시간. 반 定期. 예 臨時總會.

입증: 증거를 내세움. 예 事實立證.

履	歷	利	潤	梨	花	隣	近	臨	時	立	證
밟을 리	지낼 력	이로울 리	젖을 윤	배 리	꽃 화	이웃 린	가까울 근	임할 림	때 시	설 립	증거 증

범을 그리되 가죽은 그릴수 있으나 뼈는 그리기 어렵고, 사람을 알되 얼굴은 알지만 마음은 알지 못하느니라.

― 명심보감(明心寶鑑) ―

畵虎畵皮難畵骨이오 知人知面不知心이니라
화 호 화 피 난 화 골   지 인 지 면 부 지 심

敎育部 選定 1800字

莫强	萬若	蠻夷	晚鐘	忘却	妄辯
막강: 매우 강함. 例 莫强한 韓國.	만약: 가정하여 그 상황이라면.	만이: 옛날 한인이 남쪽과 동쪽에 있는 종족을 일컬었던 말.	만종: 저녁 때 교회 또는 절에서 치는 종.	망각: 잊어버림. 例 忘却地帶 反 記憶.	망변: 조리에 맞지 않는 변명.

莫	强	萬	若	蠻	夷	晚	鐘	忘	却	妄	辯
없을 막	강할 강	일만 만	같을 약	오랑캐 만	오랑캐 이	늦을 만	쇠북 종	잊을 망	물러설 각	망령될 망	말잘할 변

> 벼슬아치를 다스림에는 공평함만 같음이 없고, 재물을 대함에는 청렴함만 같음이 없느니라.
> — 충자(忠子) —

治官엔 莫若平이오 臨財엔 莫若廉이니라
치관   막약평   임재   막약렴

♣ 충자(忠子) 어떤 사람인지 분명하지 않음.

每月	埋葬	買占	賣盡	梅香	麥粉
매월: 매달. 다달이. 예 每月三回.	매장: 죽은 사람의 시신을 땅에 묻음.	매점: 앞으로의 부당 이익을 노려 모두 사 모음. 예 買占賣惜.	매진: 남김없이 다 팔 림. 예 劇場票賣盡.	매향: 매화의 향기.	맥분: 밀가루. 보릿가 루.

每	月	埋	葬	買	占	賣	盡	梅	香	麥	粉
매양 매	달 월	묻을 매	장사지낼 장	살 매	차지할 점	팔 매	다할 진	매화 매	향기 향	보리 맥	가루 분

벼슬을 감당하는 방법에 오직 세 가지가 있으니, 말하자면 청렴과 신중과 근면이다. 이 세 가지를 알면 몸 가질 바를 안다고 할 것이니라. - 동몽훈(童蒙訓) -

當官之法에 唯有三事하니 曰清曰慎曰勤이라 知此三者면 知所以
당관지법 유우삼사   왈청왈신왈근   지차삼자   지소이
持身矣니라
지신의

教育部 選定 1800字

孟浪	盲目	猛虎	滅亡	鳴鐘	某氏
맹랑 : 생각하던 바와 아주 다르게 허망함.	맹목 : 사리에 어두운 먼 눈. 예 盲目的 思考.	맹호 : 사나운 범. 예 猛虎伏草.	멸망 : 망하여 없어짐.	명종 : 종을 쳐서 울림.	모씨 : 아무개. 어떤 사람의 존칭.

| 만 맹 | 물결 랑 | 장님 맹 | 눈 목 | 사나울 맹 | 범 호 | 멸할 멸 | 망할 망 | 울 명 | 쇠북 종 | 아무개 모 | 씨 씨 |

벼슬하는 사람은 반드시 심하게 성내는 것을 경계하여, 일에 옳지 않음이 있거든 마땅히 자상하게 이를 처리하면 반드시 맞아들어가지 않는 것이 없으려니와, 만약 성내기부터 먼저 한다면 오직 자신을 해롭게 할 뿐이라. 어찌 남을 해롭게 할 수 있겠는가. - **명심보감**(明心寶鑑) -

當官者는 必以暴怒爲戒하여 事有不可어든 當詳處之면 必無不中이어
당관자   필이폭노위계   사유불가   당상처지   필무부중
니와 若先暴怒면 只能自害라 豈能害人이리오
     약선폭노   지능자해   기능해인

54 教育部 選定 1800字

模範	矛盾	貌樣	募集	毛皮	沐浴
모범 : 본받아 배울 만함. 예 模範行動.	모순 : 말이나 행동의 앞뒤가 서로 맞지 않음. 예 矛盾된 理論.	모양 : 사물의 겉으로 나타나는 꼴. 생김새.	모집 : 조건에 맞는 사람이나 사물을 뽑아 모음. 예 社員募集.	모피 : 털이 붙은 짐승의 가죽. 예 毛皮加工.	목욕 : 머리를 감으며 몸을 씻는 일. 예 沐浴室·沐浴湯.

| 법 모 | 법 범 | 창 모 | 방패 순 | 모양 모 | 모양 양 | 뽑을 모 | 모을 집 | 털 모 | 가죽 피 | 머리감을 목 | 목욕할 욕 |

복(福)은 청렴하고 검소한 데서 생기고, 덕(德)은 자기 몸을 낮추고 겸손하게 하는 데서 생기고, 근심은 욕심이 많은 데서 생기고, 과실은 경솔하고 교만한 데서 생긴다.
　　　　　　　　　　　　　　　　　　　　　　　　　　- 자허원군(紫虛元君) -

福生於淸儉하고 德生於卑退하고 憂生於多慾하고 過生於輕
복 생 어 청 검　　　덕 생 어 비 퇴　　　우 생 어 다 욕　　　과 생 어 경
慢이니라
만

敎育部 選定 1800字

牧畜	苗床	廟堂	無妨	茂盛	貿易
목축: 소·말·돼지 등의 가축을 다량으로 기름. 예 牧畜農家.	묘상: 모종을 키우는 자리. 예 苗床栽培.	묘당: 종묘와 명당.	무방: 방해될 것이 없음. 예 無妨한 行爲.	무성: 초목이 많이 나서 우거짐. 예 茂盛한 雜草.	무역: 다른 나라·지역과 물품을 교환·거래하는 일. 예 貿易收支

| 기를 목 | 가축 축 | 싹 묘 | 평상 상 | 사당 묘 | 집 당 | 없을 무 | 방해할 방 | 무성할 무 | 성할 성 | 무역할 무 | 바꿀 역 |

> 복이 있거든 항상 스스로 아끼고 권세가 있거든 항상 스스로 공손하라.
> 사람이 살아가는 데 있어 교만과 사치는 처음은 있으나 흔히 끝은 없느니라.
> — 명심보감(明心寶鑑) —

福分常自惜하고 勢分常自恭하라 人生驕與侈는 有始多無終이니라
복 혜 상 자 석   세 혜 상 자 공   인 생 교 여 치   유 시 다 무 종

黙殺	文書	未遂	微細	博識	拍掌
묵살 : 알고도 모르는 체 지나침. 예 黙殺된 意見.	문서 : 서류 따위의 문권이 되는 글발. 예 文書僞造.	미수 : 착수하여 그 목적을 이루지 못한 일. 예 殺人未遂犯.	미세 : 가늘고 작음. 예 微細한 部分.	박식 : 학식이 많음. 예 博識한 才媛.	박장 : 손바닥을 침. 예 拍掌大笑.

| 잠잠할 묵 | 죽일 살 | 글월 문 | 글 서 | 아닐 미 | 이룰 수 | 작을 미 | 가늘 세 | 넓을 박 | 알 식 | 칠 박 | 손바닥 장 |

봄비는 기름(극히 귀중한 것)과 같으나 길 가는 사람은 그 진창을 싫어하고, 가을 달이 빛을 들날리나 도둑은 그 밝게 비치는 것을 싫어하느니라.

— 허경종(許敬宗) —

春雨如膏나 行人은 惡其泥濘하고 秋月揚輝나 盜者는 憎其照鑑이니라
춘 우 여 고   행 인   오 기 이 녕   추 월 양 휘   도 자   증 기 조 감

♣ 허경종(許敬宗) 중국 당나라 때의 정치가. 자(字)는 연족(延族).

教育部 選定 1800字

半島	返送	叛逆	飯店	發展	放免
반도 : 세 면이 바다에 쌓이고 한 면은 육지에 연한 땅.	반송 : 도로 되돌려 보냄. 예 郵便物返送.	반역 : 배반하여 모역함. 비 反逆.	반점 : 식당의 중국식 칭호. 예 中華飯店.	발전 : 널리 번성하여 나아감. 예 發展을 祈願.	방면 : 석방. 풀어줌. 예 訓戒放免.

半	島	返	送	叛	逆	飯	店	發	展	放	免
반 반	섬 도	돌아올 반	보낼 송	배반할 반	거스를 역	밥 반	가게 점	필 발	펼 전	놓아줄 방	면할 면

부모가 살아 계시거든 멀리 여행을 말며, 여행을 하더라도 반드시 위치가 분명해야 하느니라.

— 공자(孔子) —

父 母 在 어시든 不 遠 遊 하며 遊 必 有 方 이니라
부 모 재   불 원 유   유 필 유 방

教育部 選定 1800字

背信 拜謁 配偶 排斥 百倍 煩惱

- **배신**: 신의를 저버림. 예) 背信行爲.
- **배알**: 웃어른을 뵙는 일. 예) 會長拜謁. 비) 謁見.
- **배우**: 부부의 짝. 비) 配匹.
- **배척**: 물리쳐 내뜨림. 예) 排斥運動.
- **백배**: 열 배의 열 갑절. 예) 勇氣百倍.
- **번뇌**: 마음이 시달려서 괴로움. 예) 煩惱와 苦痛.

| 등 배 | 믿을 신 | 절 배 | 뵈올 알 | 짝 배 | 짝 우 | 물리칠 배 | 물리칠 척 | 일백 백 | 곱 배 | 번거로울 번 | 번뇌할 뇌 |

부유하다고 친하지 않으며 가난하다고 멀리하지 않음은 이것이 바로 세상의 대장부라 할 것이요, 부유하면 나아가고 가난하면 물러난다 함은 곧 세상의 진짜 소인배니라.

— 소동파(蘇東坡) —

富不親兮貧不疎는 此是人間大丈夫요 富則進兮貧則退는 此是人間眞小輩니라
부불친혜빈불소 차시인간대장부 부즉진혜빈즉퇴 차시인간진소배

教育部 選定 1800字 59

翻譯	繁昌	伐採	汎濫	辨償	變化
번역: 한 나라의 말을 다른 나라 말로 옮김. 예 翻譯文學.	번창: 번화하고 창성함. 비 繁盛. 예 繁昌一路.	벌채: 산판의 나무를 베어 내고 섶을 깎아냄.	범람: 물이 넘쳐 흐름.	변상: 손실을 물어줌. 비 賠償. 예 辨償措置.	변화: 사물의 형상·성질 등이 달라짐. 예 變化無雙.

| 번역할 번 | 통역할 역 | 창성할 번 | 창성할 창 | 칠 벌 | 캘 채 | 넓을 범 | 넘칠 람 | 나눌 변 | 갚을 상 | 변할 변 | 화할 화 |

부유할 때에 아끼어 쓰지 않으면 가난해졌을 때 뉘우치게 되고, 재주를 어렸을 때 배우지 않으면 시기가 지났을 때 뉘우치게 되고, 일을 보고 배우지 않으면 써야 할 때 후회하게 된다.

— 구래공(寇萊公) —

富不儉用貧時悔요 藝不少學過時悔요 見事不學用時悔니라
부불검용빈시회   예불소학과시회   견사불학용시회

♣ 구래공(寇萊公) 송나라 때의 어진 정치가로 이름은 준(準), 자는 평중(平仲). 내국공(萊國公)에 봉해짐.

教育部 選定 1800字

別莊	病院	丙寅	普及	補充	保障
별장: 경치 좋은 곳에 따로 마련한 집.	병원: 환자를 진찰·치료하는 시설. 예 病院診療.	병인: 60갑자의 셋째. 예 丙寅洋擾.	보급: 세상에 널리 퍼지게 함. 예 普及物品.	보충: 모자람을 보태어 채움. 예 補充人員.	보장: 장애가 되지 않도록 보호함. 예 生活保障.

| 다를 별 | 별장 장 | 병들 병 | 집 원 | 남녘 병 | 동방 인 | 널리 보 | 미칠 급 | 기울 보 | 채울 충 | 지킬 보 | 막을 장 |

비밀한 방에 앉았어도 마치 네거리에 앉아 있는 것처럼 하고, 작은 마음을 제어하기를 마치 여섯 필의 말을 다루듯 하면 허물을 면할 수 있느니라.

— **경행록**(景行錄) —

坐密室을 如通衢하고 馭寸心을 如六馬하면 可免過니라
좌밀실   여통구   어촌심   여육마   가면 과

教育部 選定 1800字

奉仕	蜂蝶	封紙	賦課	負擔	父母
봉사 : 국가나 사회를 위해 헌신적으로 일함. 예 自願奉仕.	봉접 : 벌과 나비.	봉지 : 종이로 붙여 만든 겉지.	부과 : 세금 및 부담 의무를 결정하여 지우는 것. 예 稅金賦課.	부담 : 어떤 의무나 책임을 짐. 예 負擔率.	부모 : 아버지와 어머니. 어버이. 예 父母兄弟.

奉	仕	蜂	蝶	封	紙	賦	課	負	擔	父	母
받들 봉	벼슬 사	벌 봉	나비 접	봉할 봉	종이 지	구실 부	살필 과	질 부	질 담	아비 부	어미 모

사람다운 사람을 상대함에 있어서는 공손하게 하기가 어려운 것이 아니라, 예절을 잃지 않도록 조심하는 것이 어려우니라.

— **채근담**(菜根譚) —

待君子엔 不難於恭이라 而難於有禮니라
대 군 자   불 난 어 공   이 난 어 유 례

教育部 選定 1800字

夫婦	副署	浮漂	符合	復活	北極
부부: 남편과 아내. 예 夫婦同伴.	부서: 법령·대통령령의 문서에 총리와 국무위원이 하는 서명.	부표: 물 위에서 이리저리 떠다님.	부합: 둘이 서로 꼭 들어맞음. 예 事實과 符合.	부활: 죽었다가 다시 살아남. 예 復活節.	북극: 지축의 연장이 천구와 교차되는 북쪽 끝. 반 南極.

| 지아비 부 | 지어미 부 | 버금 부 | 관청 서 | 뜰 부 | 떠다닐 표 | 부적 부 | 합할 합 | 다시 부 | 살 활 | 북녘 북 | 다할 극 |

사람 사이에 오가는 사사로운 말도 하늘의 들음은 천둥소리와 같고, 어두운 방에서 마음을 속여도 신(神)의 눈은 번개와 같으니라.
— 현제(玄帝) —

人間私語라도 天聽은 若雷하고 暗室欺心이라도 神目은 如電이니라
인 간 사 어   천 청   약 뢰   암 실 기 심   신 목   여 전

♣ 현제(玄帝) 도가(道家)에서 받드는 신(神). 천제(天帝).

教育部 選定 1800字

憤怒	奔忙	墳墓	分析	紛爭	奮鬪
분노 : 분해서 성냄.	분망 : 매우 분주하고 바쁨.	분묘 : 무덤.	분석 : 어떤 사물을 분해하여 규명함. 예) 硏究分析.	분쟁 : 말썽을 일으켜 시끄럽게 다툼.	분투 : 있는 힘을 다해 싸움. 예) 孤軍奮鬪.

憤	怒	奔	忙	墳	墓	分	析	紛	爭	奮	鬪
분할 분	성낼 노	달릴 분	바쁠 망	무덤 분	무덤 묘	나눌 분	쪼갤 석	어지러울 분	다툴 쟁	떨칠 분	싸울 투

사람은 착한 사람은 속이되 하늘은 속이지 못하고, 사람은 악한 사람은 두려워 하되 하늘은 두려워 않는다.

— 명심보감(明心寶鑑) —

人은 善人欺하되 天不欺하고 人은 惡人怕하되 天不怕니라
인   선 인 기   천 불 기   인   악 인 파   천 불 파

64 教育部 選定 1800字

佛寺	不許	崩壞	比較	碑銘	秘密
불사 : 절. 사찰.	불허 : 허락하지 않음. 예)複製不許.	붕괴 : 허물어져 무너짐. 예)崩壞事故.	비교 : 둘 이상을 서로 견주어 봄. 예)比較分析.	비명 : 묘비에 새긴 글.	비밀 : 숨기어 남에게 공개하지 않는 일. 예)秘密會談.
부처 불 / 절 사	아니 불 / 허락할 허	무너질 붕 / 무너질 괴	견줄 비 / 비교할 교	비석 비 / 새길 명	숨길 비 / 빽빽할 밀

사람을 만나서 말을 하게 되면 십분(十分)의 삼(三)만 하되, 자기가 지니고 있는 한 조각 마음을 다 말하지 말 것이니, 호랑이에게 세 개의 입이나 있을까 두려워하지 말고, 오직 사람 마음의 두 가지 마음을 두려워할 것이니라. - **명심보감**(明心寶鑑) -

逢人且說三分話하되 未可全抛一片心이니 不怕虎生三個口요 只
봉인차설삼분화   미가전포일편심   불파호생삼개구   지
恐人情兩樣心이니라
공인정양양심

非常	飛鳥	卑賤	批評	賓客	貧富
비상: 정세가 평상시와 다름. 예 非常時局.	비조: 날아다니는 새. 예 飛鳥不入.	비천: 지위·신분이 낮고 천함.	비평: 사물의 선악·시비·미추를 평가하는 일. 예 銳利한 批評.	빈객: 점잖은 손님.	빈부: 빈궁함과 부유함. 예 貧富貴賤.

非	常	飛	鳥	卑	賤	批	評	賓	客	貧	富
그를 비	항상 상	날 비	새 조	낮을 비	천할 천	비평할 비	평론할 평	손 빈	손 객	가난할 빈	부자 부

사람을 이롭게 하는 말은 따뜻하기가 솜과 같고 사람을 상하게 하는 말은 날카롭기가 가시 같아서, 한 마디 말이 사람을 이롭게 함에 무겁기가 천금과 같고 한 마디 말이 사람을 상하게 함에 아프기가 칼로 베는 것과 같으니라.　　— **명심보감**(明心寶鑑) —

利人之言은 煖如綿絮하고 傷人之語는 利如荊棘하여 一言利人에 重
이 인 지 언　　난 여 면 서　　　　　　　상 인 지 어　　이 여 형 극　　　 일 언 이 인　　중

値千金이오 一語傷人에 痛如刀割이니라
치 천 금　　　일 어 상 인　　통 여 도 할

氷板	詐欺	沙漠	使命	事務	四方
빙판: 얼음이 깔린 길.	사기: 꾀로 남을 속임. 예)詐欺橫領.	사막: 까마득히 크고 넓은 모래 벌판. 예)沙漠地帶.	사명: 사자(使者)로서 받는 명령. 예)使命意識.	사무: 취급하는 일. 맡아보는 일.	사방: 네 방위. 즉 동·서·남·북의 총칭.
얼음 빙 / 널조각 판	속일 사 / 속일 기	모래 사 / 사막 막	부릴 사 / 목숨 명	일 사 / 힘쓸 무	넉 사 / 방위 방

경행록(景行錄)

사람의 성품은 물과 같아서 물이 한 번 기울어지면 회복할 수 없고, 성품이 한번 놓여지면 되돌이킬 수 없을 것이니, 물을 제어하려는 자는 반드시 제방으로써 하고, 성품을 제어하려는 자는 반드시 예법으로써 해야 되느니라.

人性이 如水하여 水一傾則 不可復이오 性一縱則 不可反이니 制水者는
인성   여수   수일경즉 불가복   성일종즉 불가반   제수자
必以堤防하고 制性者는 必以禮法이니라
필이제방   제성자   필이예법

教育部 選定 1800字 67

司法	思想	邪惡	辭典	寫眞	私債
사법: 민·형사의 재판 및 관련되는 국가 작용. 예 司法機關.	사상: 판단·추리를 거쳐 생긴 의식의 내용. 예 思想思潮.	사악: 간사하고 악랄함.	사전: 언어를 일정한 순서로 해설을 집대성한 책.	사진: 사진기로 물체의 형상을 찍은 것. 예 寫眞撮影.	사채: 일반인 사이의 빚. 반 公債. 예 私債利子.

| 맡을 사 | 법 법 | 생각 사 | 생각 상 | 간사할 사 | 악할 악 | 말씀 사 | 법 전 | 베낄 사 | 참 진 | 사사 사 | 빚 채 |

> 사람이 배우지 않음은 재주없이 하늘에 오르려는 것과 같고, 배워서 지혜가 심원(深遠)하면 상서(祥瑞)로운 구름을 헤치고 푸른 하늘을 보며 높은 산에 올라 사해(四海)를 바라보는 것과 같으니라.
> — 장자(莊子) —

人之不學은 如登天而無術하고 學而智遠이면 如披祥雲而覩靑
인 지 불 학   여 등 천 이 무 술   학 이 지 원   여 피 상 운 이 도 청
天하고 登高山而望四海니라
천   등 고 산 이 망 사 해

社會	削減	山脈	散票	森林	三杯
사회: 같은 무리끼리 모여 이루는 집단. 예) 社會規範.	삭감: 깎아서 줄임. 예) 豫算削減.	산맥: 여러 산악이 연하여 이룬 산줄기.	산표: 표가 집중되지 않고 여럿에게 흩어진 투표.	삼림: 나무가 많이 우거진 수풀. 예) 森林地帶.	삼배: 석 잔. 세 잔.

| 모일 사 | 모을 회 | 깎을 삭 | 덜 감 | 메 산 | 맥 맥 | 흩어질 산 | 쪽지 표 | 우거질 삼 | 수풀 림 | 석 삼 | 잔 배 |

사랑함이 심하면 반드시 심한 소모(消耗)를 가져오고, 칭찬받음이 심하면 반드시 심한 헐뜯음을 가져오고, 기뻐함이 심하면 반드시 심한 근심을 가져오고, 뇌물 탐(貪)함이 심하면 반드시 심한 멸망을 가져오느니라. - **명심보감**(明心寶鑑) -

甚愛必甚費요 甚譽必甚毁요 甚喜必甚憂요 甚贓必甚亡이니라
심애필심비 심예필심훼 심희필심우 심장필심망

教育部 選定 1800字

桑麻	祥夢	相互	商號	狀況	生産
상마 : 뽕나무와 삼.	상몽 : 상서로운 꿈. 비 吉夢.	상호 : 피차 서로. 예 相互關係.	상호 : 상인이 영업상 내걸은 간판이름.	상황 : 일이 되어가는 형편이나 모양. 예 狀況判斷.	생산 : 자연물을 가공하여 재화를 만듦. 예 生産價格.

桑	麻	祥	夢	相	互	商	號	狀	況	生	産
뽕나무 상	삼 마	상서로울 상	꿈 몽	서로 상	서로 호	장사 상	이름 호	모양 상	하물며 황	날 생	낳을 산

사물(事物)을 접하는 요체(要諦)는, 자기가 하고자 하지 않는 것을 남에게 베풀지 않고, 행하여 얻지 못하는 것이 있으면 돌이켜 자기에게서 그 원인을 구하는 것이라.

- 성리서(性理書) -

接物之要는 己所不欲을 勿施於人하고 行有不得이어든 反求諸己니라
접물지요   기소불욕   물시어인   행유부득   반구제기

庶民 石塔 惜敗 先導 旋律 選拔

서민: 중류 이하의 넉넉치 못한 사람. 예 一般庶民.

석탑: 돌로 쌓은 탑. 예 九層石塔.

석패: 경기 등에서 약간의 점수차로 애석하게 짐.

선도: 앞에 서서 인도함. 예 先導週間.

선율: 멜로디.

선발: 많은 속에서 고름. 예 選拔基準.

| 여러 서 | 백성 민 | 돌 석 | 탑 탑 | 애석할 석 | 패할 패 | 먼저 선 | 이끌 도 | 돌 선 | 법 률 | 가릴 선 | 뺄 발 |

삶을 보전하려는 자는 욕심을 적게 하고 몸을 보전하려는 자는 이름을 피하나니, 욕심을 없애기는 쉬우나 이름을 없게 하기는 어려우니라.
— **경행록**(景行錄) —

保生者는 寡慾하고 保身者는 避名이니 無慾은 易나 無名은 難이니라
보 생 자　　　과 욕　　　보 신 자　　　피 명　　　무 욕　　　이　　무 명　　　난

教育部 選定 1800字　71

仙藥	宣揚	善處	城郭	姓名	省墓
선약: 효험이 썩 좋은 약.	선양: 드러내어 널리 떨치게 함. 예)國威宣揚.	선처: 곱게 잘 처리함. 예)善處要望.	성곽: 내성과 외성.	성명: 성과 이름. 예)姓名記入.	성묘: 명절 등에 조상의 산소를 찾아 돌봄. 예)秋夕省墓.

仙	藥	宣	揚	善	處	城	郭	姓	名	省	墓
신선 선	약 약	베풀 선	날릴 양	착할 선	곳 처	재 성	둘레 곽	성 성	이름 명	살필 성	무덤 묘

생각이 두터운 사람은 자기 자신에 대해서도 후하고, 남을 대함에 있어서도 역시 후하여, 이르는 곳마다 두루 두터우니라. 생각이 각박한 사람은 자기 자신에 대해서도 각박하고, 남을 대함에 있어서도 역시 각박하여 일마다 모두 각박하니라. -채근담(菜根譚)-

念頭濃者는 自待厚하고 待人亦厚하여 處處皆濃이요 念頭淡者는 自
염두농자　　자대후　　　대인역후　　　처처개농　　　염두담자　　자
待薄하고 待人亦薄하여 事事皆淡이니라
대박　　　대·인역박　　　사사개담

教育部 選定 1800字

星座	性質	世界	歲暮	洗濯	所見
성좌: 별자리.	성질: 사물의 본디의 특성.	세계: 온 세상. 예) 精神世界. 世界經濟.	세모: 한 해의 마지막 때.	세탁: 빨래. 예) 洗濯所·室·機·物.	소견: 사물을 보고 살펴 인식하는 생각. 예) 所見發表.

| 별 성 | 자리 좌 | 성품 성 | 바탕 질 | 인간 세 | 지경 계 | 해 세 | 저물 모 | 씻을 세 | 빨 탁 | 바 소 | 볼 견 |

생각하는 것은 항상 싸움터에 나아가는 날과 같이 하고, 마음은 언제나 다리를 건너는 때와 같이 해야 하느니라.
— 명심보감(明心寶鑑) —

念念要如臨戰日하고 心心常似過橋時니라
염념요여임전일　　심심상사과교시

教育部 選定 1800字

騷亂	消費	昭詳	訴訟	小形	疏忽
소란: 어수선하고 요란하여 어지러움.	소비: 욕망의 충족을 위해 재화를 소모함. 예 消費欲求.	소상: 밝고 자세함. 예 昭詳한 對策.	소송: 재판을 걺. 訟事. 예 訴訟節次.	소형: 물건의 작은 형체. 예 大形.	소홀: 대수롭지 않고 예사임. 예 準備疏忽.

| 떠들 소 | 어지러울 란 | 사라질 소 | 쓸 비 | 밝을 소 | 자세할 상 | 소송할 소 | 소송할 송 | 작을 소 | 형상 형 | 트일 소 | 소홀히할 홀 |

선비가 도(道)에 뜻을 두면서 좋지 못한 옷과 음식을 부끄러워하는 자는 족히 더불어 의논할 수가 없느니라.

— 공자(孔子) —

士 志 於 道 而 恥 惡 衣 惡 食 者는 未 足 與 議 也니라
사 지 어 도 이 치 악 의 악 식 자 미 족 여 의 야

俗稱	頌詩	松竹	衰殘	受諾	睡眠
속칭 : 통속적인 일컬음.	송시 : 공덕을 기리는 시.	송죽 : 솔과 대.	쇠잔 : 쇠하여 잔약해짐. 예 國運衰殘.	수락 : 요구를 받아 들여 승락함. 예 提議受諾.	수면 : 졸음이나 잠. 예 睡眠不足.

俗	稱	頌	詩	松	竹	衰	殘	受	諾	睡	眠
풍속 속	일컬을 칭	기릴 송	시 시	소나무 송	대 죽	쇠할 쇠	해칠 잔	받을 수	승낙할 낙	졸 수	잠잘 면

선비가 벗을 투기하는 일이 있으면 어진 벗과 친할 수 없고, 임금이 신하를 투기하는 일이 있으면 어진 사람이 오지 않느니라.
— 순자(荀子) —

士有妬友則賢交不親하고 君有妬臣則賢人不至니라
사 유 투 우 즉 현 교 불 친　　군 유 투 신 즉 현 인 부 지

♣ 순자(荀子) 전국 시대 말기 조(趙) 나라 사람으로, 이름은 황(況), 맹자(孟子)의 성선설(性善說)에 대하여 인간의 본성은 악한 것이라는 성악설(性惡說)을 주장하였음.

教育部 選定 1800字

首班	守備	授與	需要	修訂	手足
수반: 행정부의 우두머리. 예 內閣首班.	수비: 지키어 방비함. 예 攻擊과 守備.	수여: 상장·훈장·졸업장 등을 줌. 예 授與式.	수요: 구매력을 수반하여 시장에 나타나는 구매희망. 예 需要供給.	수정: 서적 등의 잘못을 고침.	수족: 손과 발. 마음대로 부리는 사람.
머리 수 / 나눌 반	지킬 수 / 갖출 비	줄 수 / 더불 여	구할 수 / 구할 요	닦을 수 / 바로잡을 정	손 수 / 발 족

선(善)이 작다고 해서 아니 하지를 말며, 악(惡)이 작다고 해서 하지를 마라.
 - 유비(劉備) -

勿 以 善 小 而 不 爲 하고 勿 以 惡 小 而 爲 之 하라
물 이 선 소 이 불 위   물 이 악 소 이 위 지

♣ 유비(劉備) 촉한의 소열 황제. 자는 현덕(玄德). 제갈 양의 보필을 얻어 위(魏)·오(吳)와 더불어 삼국을 형성하였음.

教育部 選定 1800字

輸出	數值	隨筆	收穫	宿泊	叔姪
수출: 상품을 외국으로 팔아 보냄.	**수치**: 계산하여 얻은 값어치. 예 數值計算.	**수필**: 붓가는 대로 형식 없이 쓰는 산문. 예 隨筆文學.	**수확**: 농작물을 거두어들임. 또는 그 소출. 예 收穫期·高·量.	**숙박**: 잠자기 위해 여관이나 주막에 들름. 예 宿泊施設.	**숙질**: 아저씨와 조카. 예 叔姪之間.

| 보낼 수 | 날 출 | 셈 수 | 값 치 | 따를 수 | 붓 필 | 거둘 수 | 거둘 확 | 잘 숙 | 머무를 박 | 아재비 숙 | 조카 질 |

> 성내기가 심히 치우치면 기운을 상하고, 생각이 많고 심하면 정신을 손상한다.
> 정신이 피로하면 마음이 수고로워지기 쉽고, 기운이 약하면 병이 따라 일어난다.
>
> — 손진인(孫眞人) —
>
> 怒甚偏傷氣요 思多太損神이라 神疲心易役이오 氣弱病相因이라
> 노 심 편 상 기   사 다 태 손 신   신 피 심 이 역   기 약 병 상 인

♣ 손진인(孫眞人) 도가(道家)에 속하는 사람으로 이름은 알려져 있지 않음.

教育部 選定 1800字

瞬間	旬刊	淳朴	殉死	順序	巡航
순간 : 잠깐 동안. 삽시간. 예 瞬間露出.	순간 : 열흘마다 간행된 책. 예 旬刊雜誌.	순박 : 성품이 순량하고 꾸밈이 없음.	순사 : 나라를 위하여 죽음. 비 殉節.	순서 : 정해놓은 차례. 예 順序目次.	순항 : 배로 여러 곳을 다님.

순간 순	사이 간	열흘 순	펴낼 간	순박할 순	순박할 박	죽을 순	죽을 사	순할 순	차례 서	돌 순	선박 항

소인을 상대(접촉)함에 있어서는 엄격하게 하기가 어려운 것이 아니라, 미련하다고 하여 미워하지 않기가 더 어려우니라.

— 채근담(菜根譚) —

待 小 人엔 不 難 於 嚴이라 而 難 於 不 惡이니라
대 소 인 불 난 어 엄   이 난 어 불 오

敎育部 選定 1800字

崇尚	昇降	僧舞	乘船	承認	施設
숭상: 높여 소중히 여김.	승강: 오르고 내림. 오르고 내리는 것. 예 昇降口.	승무: 고깔과 장삼을 입고 중처럼 차리고 추는 춤.	승선: 배를 탐. 예 乘船人員.	승인: 정당, 또는 사실임을 인정함. 들어 줌. 예 公式承認.	시설: 베풀어 설비함. 예 娛樂施設.
높을 숭 / 숭상할 상	오를 승 / 내릴 강	중 승 / 춤출 무	탈 승 / 배 선	이을 승 / 인정할 인	베풀 시 / 베풀 설

술이나 음식을 함께 할 때에 형이니 동생이니 하는 친구는 천명이나 있되, 급하고 어려운 일을 당하였을 때에 도와줄 친구는 하나도 없느니라.

- 명심보감(明心寶鑑) -

酒食兄弟는 千個有로되 急難之朋은 一個無니라
주식형제 천개유 급난지붕 일개무

教育部 選定 1800字

始初	試驗	申告	辛巳	伸張	身體
시초: 맨 처음. 비롯됨. 예 是非의 始初.	**시험**: 재능·실력·신앙 등을 증험하여 봄. 예 試驗官·所·場·紙.	**신고**: 사유나 결과를 관청 또는 상사에게 보고함. 예 申告節次.	**신사**: 60 갑자의 열여덟째.	**신장**: 늘여 넓게 폄. 예 伸張開業.	**신체**: 사람의 몸.

始	初	試	驗	申	告	辛	巳	伸	張	身	體
처음 시	처음 초	시험할 시	시험할 험	납 신	고할 고	매울 신	뱀 사	펼 신	베풀 장	몸 신	몸 체

술이 사람을 취하게 하는 것이 아니라, 사람이 스스로 취하는 것이요, 색(色)이 사람을 미혹(迷惑)시키는 것이 아니라, 사람이 스스로 미혹되는 것이니라.

— 명심보감(明心寶鑑) —

酒不醉人人自醉요 色不迷人人自迷니라
주불취인인자취   색불미인인자미

80 教育部 選定 1800字

失策	實踐	審問	尋訪	深淺	雙劍
실책 : 잘못된 계책. 예 失策是正.	실천 : 실지로 이행함. 예 實踐目標.	심문 : 자세히 따져 물음.	심방 : 방문해 찾아봄. 예 家庭尋訪.	심천 : 깊음과 얕음.	쌍검 : 한 짝이 되는 두 개의 검.

失	策	實	踐	審	問	尋	訪	深	淺	雙	劍
잃을 실	꾀 책	열매 실	밟을 천	살필 심	물을 문	찾을 심	찾을 방	깊을 심	얕을 천	쌍 쌍	칼 검

명심보감(明心寶鑑)

스스로 믿는 자는 남도 또한 그를 믿나니, 오나라와 월나라와 같은 적국 사이라도 모두 형제와 같이 될 수 있고, 스스로 의심하는 자는 남도 또한 그를 의심하나니, 자기 이외에는 모두 원수의 나라와 같이 되느니라.

自信者는 人亦信之하나니 吳越이 皆兄弟요 自疑者는 人亦疑之하나니
자 신 자 인 역 신 지   오 월   개 형 제   자 의 자   인 역 의 지
身外皆敵國이니라
신 외 개 적 국

教育部 選定 1800字

雅淡	亞鉛	牙齒	岳丈	眼鏡	安寧
아담: 고아하고 담백함.	아연: 청백색으로 부서지기 쉬운 광택있는 금속 원소.	아치: 어금니와 이.	악장: 장인의 경칭. [비] 聘丈.	안경: 눈을 보호하거나 잘 보이게하기 위하여 쓰는 기구.	안녕: 안전하고 태평함. [예] 安寧秩序.

맑을 아 / 맑을 담 / 버금 아 / 납 연 / 어금니 아 / 이 치 / 큰산 악 / 어른 장 / 눈 안 / 거울 경 / 평안할 안 / 평안할 녕

아버지 나를 낳으시고 어머니 나를 기르시니, 아아 애달프고 슬프다. 아버지 어머님이시여, 나를 낳아 기르시느라고 애쓰시고 수고하셨네. 그 깊은 은혜 갚자오면 넓은 하늘처럼 끝이 없네.
— 시경(詩經) —

父兮生我하시고 母兮鞠我하시니 哀哀父母여 生我劬勞샷다 欲報
부혜생아   모혜국아   애애부모   생아구로   욕보
深恩인대 昊天罔極이로다
심은   호천망극

暗黑	哀歡	羊肝	讓渡	楊柳	養育
암흑 : 어둡고 캄캄함. 예 暗黑時代.	애환 : 슬픔과 기쁨. 예 人生哀歡.	양간 : 양의 간.	양도 : 권리·재산 및 법률상의 지위 등을 타인에게 이전함.	양류 : 버드나무.	양육 : 부양하여 기름. 예 養育院·費.

暗	黑	哀	歡	羊	肝	讓	渡	楊	柳	養	育
어두울 암	검을 흑	슬플 애	기뻐할 환	양 양	간 간	사양할 양	건널 도	버들 양	버들 류	기를 양	기를 육

아버지와 자식 사이에는 서로 친함이 있어야 하며, 임금과 신하 사이에는 의(義)가 있어야 하며, 남편과 아내 사이에는 분별이 있어야 하며, 어른과 어린이 사이에는 차례가 있어야 하며, 친구 사이에는 믿음이 있어야 한다. - **성리서**(性理書) -

父子有親하며 **君臣有義**하며 **夫婦有別**하며 **長幼有序**하며 **朋友有信**이니라
부자유친   군신유의   부부유별   장유유서   붕우유신

教育部 選定 1800字 83

洋裁	語尾	御史	魚湯	漁獲	抑制
양재 : 양복의 재단법. 양복의 재봉. 예)洋裁學院.	어미 : 용언의 어간밑에 붙어 여러가지로 활용되는 부분.	어사 : 왕명으로 지방에 파견되는 임시적 관리.	어탕 : 생선국. 생선으로 요리한 국.	어획 : 수산물을 포획·채취함. 예)漁獲量·高.	억제 : 억눌러서 제외함.

洋	裁	語	尾	御	史	魚	湯	漁	獲	抑	制
큰바다 양	마를 재	말씀 어	꼬리 미	부릴 어	사관 사	고기 어	끓일 탕	고기잡을 어	얻을 획	누를 억	지을 제

악한 사람이 착한 사람을 꾸짖거든 착한 사람은 전연 이에 대꾸하지 말아라. 대꾸하지 아니하니 마음이 맑고 한가한데, 꾸짖는 자는 입이 뜨겁게 끓어오르느니라. 마치 사람이 하늘에다 대고 침을 뱉는 것 같아서 도로 자기 몸을 따라 떨어지느니라. -**명심보감**(明心寶鑑)-

惡人이 罵善人커든 善人은 摠不對하라 不對는 心淸閒이오 罵者는 口熱
악인   매선인   선인   총부대   부대   심청한   매자   구열
沸니라 正如人唾天하여 還從己身墜니라
비   정여인타천   환종기신추

教育部 選定 1800字

嚴肅	輿論	餘韻	驛馬	亦是	研究
엄숙 : 장엄하고 정숙함. 예 嚴肅한 宣誓.	여론 : 사회 대중의 공통된 의견. 예 輿論調査.	여운 : 원운치가 끝난 뒤의 운치.	역마 : 마차 또는 역에 갖추어 둔 말.	역시 : 예나 지금이나 다름없이.	연구 : 조사하고 생각하여 진리를 알아냄. 예 研究開發.

嚴	肅	輿	論	餘	韻	驛	馬	亦	是	研	究
엄할 엄	엄숙할 숙	수레 여	논할 론	나머지 여	운 운	역말 역	말 마	또한 역	이 시	갈 연	궁구할 구

어리석고 흐리멍덩한 자가 성을 내는 것은 다 이치에 통달하지 못했기 때문이다. 마음 위에 불길을 더하지 말고, 다만 귓전을 스치는 바람결로 여겨라. 장점과 단점은 집집마다 있고(인정의) 따뜻함과 싸늘함은 곳곳이 같으니라. - **명심보감**(明心寶鑑) -

愚濁生嗔怒는 皆因理不通이라 休添心上火하고 只作耳邊風하라 長
우 탁 생 진 노   개 인 이 불 통   휴 첨 심 상 화   지 작 이 변 풍   장
短은 家家有요 炎涼은 處處同이라
단   가 가 유   염 량   처 처 동

教育部 選定 1800字

疫疾	燃料	演藝	緣由	硯滴	熱愛
역질:여과성 바이러스에 의해 일어나는 피부병으로 천연두라고도 함.	연료:가열용의 장작·석탄·가스·석유등의 총칭.	연예:관객이나 공중 앞에서 공연하는 일. 예 演藝人.	연유:유래. 사유. 예 出國緣由.	연적:벼루물을 담는 그릇.	열애:열렬히 사랑함. 예 目下熱愛中.

疫	疾	燃	料	演	藝	緣	由	硯	滴	熱	愛
전염병 역	병 질	탈 연	헤아릴 료	펼 연	재주 예	인연 연	말미암을 유	벼루 연	물방울 적	더울 열	사랑 애

> 어진이를 보면 같게 되기를 생각하며, 어질지 못한 이를 보면 깊이 스스로를 반성할 것이다.
> — 공자(孔子) —

見賢思齊焉하며 見不賢而內自省也니라
견 현 사 제 언   견 불 현 이 내 자 성 야

教育部 選定 1800字

鹽酸	榮譽	永遠	營爲	英才	迎接
염산 : 염화 수소의 수용액으로 무색 발연성의 액체.	영예 : 영광스러운 명예.	영원 : 영구한 세월. 예)永遠不滅.	영위 : 일을 경영함.	영재 : 탁월한 재주 또는 그런 사람.	영접 : 손님을 맞아서 접대함.

| 소금 염 | 실 산 | 영화 영 | 명예 예 | 길 영 | 멀 원 | 경영 영 | 할 위 | 꽃부리 영 | 재주 재 | 맞이할 영 | 접붙일 접 |

여색 피하기를 원수 피하는 것같이 하고, 바람을 피하기를 날아오는 화살 피하는 것같이 하며, 빈속에 차를 마시지 말고, 밤중에는 밥을 적게 먹어라. - 이견지(夷堅志) -

避色을 如避讐하고 避風을 如避箭하며 莫喫空心茶하고 少食中
피색 여 피 수 피풍 여 피 전 막 끽 공 심 다 소 식 중
夜飯하라
야 반

♣ 이견지(夷堅志) 송나라 때 홍매(洪邁)가 엮은 설화집(說話集). 이상한 사건이나 괴담을 모았음.

教育部 選定 1800字 87

影響	映畫	銳敏	梧桐	娛樂	傲慢
영향: 한 가지 사물로 인해 다른 사물에 미치는 결과. 예)影響力行使.	영화: 극장에서 필름을 통하여 영상을 나타내는 극.	예민: 재지·감각 등이 날카롭고 민첩함. 예)銳敏한 性格.	오동: 오동과의 활엽교목. 오동나무.	오락: 쉬는 시간에 기분을 즐겁게 하는 일. 예)娛樂時間.	오만: 잘난 체하여 방자함.

| 그림자 영 | 향할 향 | 비칠 영 | 그림 화 | 날카로울 예 | 민첩할 민 | 오동나무 오 | 오동나무 동 | 즐거울 오 | 즐길 락 | 업신여길 오 | 거만할 만 |

오래 머물러 있으면 사람으로 하여금 천하게 여기게 하고, 자주 오면 친하던 것도 소원해지느니라. 오직 사흘이나 닷새 만에 보는데도, 서로 보는 것이 처음과 같지 않느니라.
— 명심보감(明心寶鑑) —

久 住 令 人 賤이오 頻 來 親 也 疎라 但 看 三 五 日에 相 見 不 如 初라
구 주 영 인 천   빈 래 친 야 소   단 간 삼 오 일   상 견 불 여 초

教育部 選定 1800字

午前	汚染	嗚呼	屋上	玉篇	溫泉
오전: 오야부터 정오까지의 사이. 예)午前時間.	오염: 더러움에 물듦. 예)汚染物質.	오호: 슬플 때나 탄식할 때 내는 소리.	옥상: 지붕의 위에 있는 마당.	옥편: 한자의 자전.	온천: 지열로 땅속에서 솟는 더운 지하수.

午	前	汚	染	嗚	呼	屋	上	玉	篇	溫	泉
낮 오	앞 전	더러울 오	물들일 염	탄식할 오	부를 호	집 옥	위 상	구슬 옥	책 편	따뜻할 온	샘 천

옥(玉)은 다듬지 않으면 그릇이 되지 못하고, 사람은 배우지 않으면 의(義)를 알지 못하느니라.
― 예기(禮記) ―

禮記에 曰 玉不琢이면 不成器하고 人不學이면 不知義니라
예기 왈 옥불탁   불성기   인불학   부지의

♣예기(禮記) 오경(五經)의 하나. 대성(戴聖)이 펴낸 책으로, 고대 중국의 제도와 예법 등을 수록했음.

教育部 選定 1800字

翁姑	完了	緩衝	往來	王妃	搖籃
옹고 : 시아버지와 시어머니.	완료 : 완전히 끝을 냄. 예 準備完了.	완충 : 둘 사이의 불화·충돌 등을 완화시킴. 예 緩衝地帶.	왕래 : 오고 감. 예 顧客往來.	왕비 : 왕후. 왕의 정실 부인. 국모.	요람 : 유아를 안에 누이고 흔들 수 있는 채롱.

翁	姑	完	了	緩	衝	往	來	王	妃	搖	籃
늙은이 옹	시어미 고	완전 완	마칠 료	느릴 완	부딪칠 충	갈 왕	올 래	임금 왕	왕비 비	흔들 요	바구니 람

유익하지 않은 말은 함부로 하지 말고, 내게 관계없는 일은 함부로 하지 말며, 임금을 높이고 부모에게 효도하고, 웃어른을 존경하고 덕이 있는 이를 받들어라.
― 자허원군(紫虛元君) ―

無益之言을 莫妄說하고 不干己事를 莫妄爲하며 尊君王孝父
무 익 지 언 을 막 망 설 불 간 기 사 막 망 위 존 군 왕 효 부

母하고 敬尊長奉有德이라
모 경 존 장 봉 유 덕

教育部 選定 1800字

欲望	庸劣	勇兵	牛乳	愚鈍	憂愁
욕망: 부족을 느껴 이를 채우려고 바라는 마음. 예)欲望充足.	용렬: 범용하고 열등함. 예)庸劣한 處事.	용병: 용감한 병사. 비)勇士.	우유: 암소의 젖.	우둔: 어리석고 둔함. 예)愚鈍한 言行.	우수: 우울과 수심. 근심.
바랄 욕 / 바라볼 망	범상할 용 / 용렬할 렬	날랠 용 / 군사 병	소 우 / 젖 유	어리석을 우 / 무딜 둔	근심 우 / 근심 수

은혜를 베풀었거든 그 보답을 구하지 말고, 남에게 주었거든 뒤에 후회하지 말라.
— 명심보감(明心寶鑑) —

施恩勿求報하고 與人勿追悔하라
시 은 물 구 보   여 인 물 추 회

教育部 選定 1800字 '91

優勝	右翼	宇宙	郵便	運動	雲霧
우승: 가장 뛰어남. 첫째로 이김. 예 競技에 優勝.	우익: 보수파·국수주의·파시즘 등의 입장. 예 右翼政黨.	우주: 세간(世間), 또는 천지간, 만물을 포용하는 공간. 예 宇宙往復船.	우편: 소정의 물품을 전국적·세계적으로 송달하는 통신 제도.	운동: 건강이나 목적을 위해 움직이는 일. 예 運動神經.	운무: 구름과 안개.
뛰어날 우 / 이길 승	오른쪽 우 / 날개 익	집 우 / 집 주	우편 우 / 편할 편	운전할 운 / 움직일 동	구름 운 / 안개 무

은혜와 의리를 널리 베풀어라. 사람이 어느 곳에 산들 서로 만나지 않으랴?
원수와 원망을 맺지 말아라. 길 좁은 곳에서 만나면 피하기 어려우니라.

— 경행록(景行錄) —

恩義를 廣施하라 人生何處不相逢이랴 讐怨을 莫結하라 路逢狹
은 의   광 시   인 생 하 처 불 상 봉   수 원   막 결   노 봉 협
處면 難回避니라
처   난 회 피

教育部 選定 1800字

原稿	元旦	圓滿	援助	怨恨	慰勞
원고: 인쇄에 부치기 위해 쓴 초벌의 글·그림. 예 原稿請託.	원단: 설날 아침.	원만: 조금도 결함이나 부족이 없음. 예 圓滿한 性格.	원조: 도와줌. 예 援助物品.	원한: 원통하고 한되는 생각. 예 怨恨의 復讐.	위로: 수고나 괴로움을 어루만져줌. 예 敗者慰勞.

근원 원	짚 고	으뜸 원	아침 단	둥글 원	찰 만	도울 원	도울 조	원망할 원	원한 한	위로할 위	수고로울 로

이른 바 그 뜻을 정성되이 한다는 것은 스스로를 속이지 않는 것이니, 나쁜 냄새를 싫어함과 같으며 좋은 색을 좋아함과 같다.

— 대학(大學) —

所謂誠其意者는 毋自欺也니 如惡惡臭하며 如好好色이니라
소위성기의자   무자기야   여오악취   여호호색

♣ 대학(大學) 사서(四書)의 하나. 유교(儒敎)의 삼강령(三綱領)과 팔조목(八條目)을 기록 설명하였음. 증자(曾子) 또는 자사(子思)가 지었다 함.

教育部 選定 1800字

違反	胃腸	偉大	位置	委託	危險
위반 : 어기어 배반함. 예 交通違反.	위장 : 위와 장. 예 胃腸病.	위대 : 뛰어나고 큼. 훌륭함. 예 偉大한 精神.	위치 : 자리 및 지위. 예 所在地位置.	위탁 : 맡기어 부탁함. 예 委託賣買.	위험 : 위태함. 안전하지 못함. 예 事故危險.
어길 위 / 돌이킬 반	밥통 위 / 창자 장	뛰어날 위 / 큰 대	자리 위 / 둘 치	맡길 위 / 부탁할 탁	위태로울 위 / 험난할 험

일생의 계획은 어릴 때에 있고, 일년의 계획은 봄에 있고, 하루의 계획은 새벽에 있으니, 어려서 배우지 않으면 늙어서 아는 것이 없고, 봄에 만약 밭갈지 않으면 가을에 바랄 것이 없으며, 새벽에 만약 일어나지 않으면 그날에 힘써 일할 바가 없어지느니라. -공자(孔子)-

一生之計는 在於幼하고 一年之計는 在於春하고 一日之計는 在於寅이니 幼而不學이면 老無所知요 春若不耕이면 秋無所望이오 寅若不起면 日無所辦이니라.

일생지계 재어유 일년지계 재어춘 일일지계 재어인 유이불학 노무소지 춘약불경 추무소망 인약불기 일무소판

教育部 選定 1800字

威脅	悠久	柔弱	猶豫	唯一	維持
위협: 으르고 협박함. 예) 威脅射擊.	유구: 길고 오램. 예) 悠久한 歷史.	유약: 부드럽고 약함. 예) 柔弱한 性品.	유예: 망설여 결행하지 않음. 예) 執行猶豫.	유일: 오직 그것 하나 뿐임. 예) 唯一한 希望.	유지: 지탱하여 감. 예) 維持費用.

| 위엄 위 | 으를 협 | 멀 유 | 오랠 구 | 부드러울 유 | 약할 약 | 움직일 유 | 미리 예 | 오직 유 | 한 일 | 맬 유 | 가질 지 |

일을 생기게 하고 나서 일이 생기는 것을 그대는 원망하지 말고, 남을 해치고 나서 남이 해치는 것을 너는 성내지 말라. 하늘과 땅이 스스로 다 보답함이 있나니, 멀면 자손에게 있고 가까우면 자기 몸에 있느니라.

— 재동제군(梓潼帝君) —

生事事生을 君莫怨하고 害人人害를 汝休嗔하라 天地自然皆有報하니
생사사생   군막원   해인인해   여휴진   천지자연개유보
遠在兒孫近在身이니라
원재아손근재신

敎育部 選定 1800字

幼稚	遺跡	閏年	恩功	隱蔽	銀行
유치 : 나이가 어림. 정도가 낮음. 예 幼稚한 行動.	유적 : 패총·고분·옛 건축물 등 고고학적 유물이 남아 있는 곳.	윤년 : 윤달이나 윤일이 든 해.	은공 : 은혜와 공로. 예 父母任 恩功.	은폐 : 가리어 숨김. 덮어 감춤.	은행 : 예금·대부·어음·증권 등을 업무로 하는 금융기관.

幼	稚	遺	跡	閏	年	恩	功	隱	蔽	銀	行
어릴 유	어릴 치	남을 유	자취 적	윤달 윤	해 년	은혜 은	공 공	숨을 은	가릴 폐	은 은	갈 행

일이 비록 작더라도 하지 않으면 이루지 못하고, 자식이 비록 어질지라도 가르치지 않으면 현명해지지 못하느니라.
— 장자(莊子) —

事雖小나 不作이면 不成이오 子雖賢이나 不敎면 不明이니라
사 수 소   부 작   불 성   자 수 현   불 교   불 명

♣ 장자(莊子) 이름은 주(周), 호는 남화진인(南華眞人)이라 불림. 전국시대 송나라 사람으로, 노자(老子)의 무위자연설(無爲自然說)을 크게 발전시켜서 노장 사상(老莊思想)을 이룸.

陰謀	飲食	乙丑	吟詠	音響	應答
음모: 일을 비밀히 꾸밈.	음식: 먹고 마시는 일체의 것. 예 飮食料理.	을축: 60갑자의 둘째.	음영: 시부(詩賦)를 읊음.	음향: 소리의 울림. 예 音響效果.	응답: 물음에 대답함. 예 應答電話機.

陰	謀	飲	食	乙	丑	吟	詠	音	響	應	答
그늘 음	꾀할 모	마실 음	밥 식	새 을	소 축	읊을 음	읊을 영	소리 음	울릴 향	응할 응	대답할 답

입과 혀는 화(禍)와 근심을 불러들이는 문이고, 몸을 망하게 하는 도끼와 같은 것이니라.

— 군평(君平) —

口舌者는 禍患之門이오 滅身之斧也니라
구 설 자   화 환 지 문   멸 신 지 부 야

♣ 군평(君平) 한(漢)나라 촉(蜀) 사람. 성은 엄(嚴), 이름은 준(遵), 군평은 자. 점치기를 잘 했다 함.

依賴	醫師	疑惑	以內	移植	人倫
의뢰: 남에게 부탁하거나 의지함. 예 請求依賴.	의사: 의술과 약으로 병을 고치는 사람. 예 病院醫師.	의혹: 의심하여 분별에 당혹함. 예 疑惑事件.	이내: 일정한 범위의 안. 예 三日以內.	이식: 옮겨 심음.	인륜: 사람으로서의 떳떳한 도리. 예 人倫道德.

依	賴	醫	師	疑	惑	以	內	移	植	人	倫
의지할 의	의뢰할 뢰	의원 의	스승 사	의심할 의	미혹할 혹	써 이	안 내	옮길 이	심을 식	사람 인	인륜 륜

| 依 | 賴 | 医 | 師 | 疑 | 惑 | 以 | 內 | 移 | 植 | 人 | 倫 |

입에 상쾌한 음식이라고 해서 많이 먹으면 병을 만들 것이요. 마음에 쾌한 일이라고 해서 지나치게 하면 반드시 재앙이 있으리라. 병이 난 후에 약을 잘 먹는 것으로는 병이 나기 전에 스스로 잘 예방하는 것만 같지 못하느니라. —강절소(康節邵)—

爽口物多能作疾이오 快心事過必有殃이라 與其病後能服藥으론 不
상 구 물 다 능 작 질   쾌 심 사 과 필 유 앙   여 기 병 후 능 복 약   불
若病前能自防이니라
약 병 전 능 자 방

教育部 選定 1800字

忍耐	印刷	姻戚	日誌	賃貸	壬辰
인내 : 참고 견딤. 예 忍耐心.	인쇄 : 종이 등에 잉크로 많은 복제를 만드는 작업.	인척 : 외가와 처가의 혈족. 예 姻戚之間.	일지 : 직무상의 기록을 적는 책. 예 業務日誌.	임대 : 요금을 받고 물건을 상대방이 사용·수익하게 함.	임진 : 육십갑자의 스물 아홉째. 예 壬辰倭亂.

忍	耐	印	刷	姻	戚	日	誌	賃	貸	壬	辰
참을 인	견딜 내	도장 인	박을 쇄	혼인할 인	친할 척	날 일	적을 지	품삯 임	빌릴 대	천간 임	지지 진

입은 곧 사람을 상하게 하는 도끼요 말은 곧 혀를 베는 칼이니, 입을 다물고 혀를 깊이 감추면 몸이 편안하고 어디에서나 안온할 것이니라. - **명심보감**(明心寶鑑) -

口是傷人斧요 言是割舌刀니 閉口深藏舌이면 安身處處牢니라
구시상인부　　언시할설도　　　폐구심장설　　　안신처처로

姉妹	慈悲	姿勢	雌雄	資源	自然
자매: 손위 누이와 손아래 누이. 예)兄弟姉妹.	자비: 사랑하고 가엾게 여김. 예)慈悲心.	자세: 몸을 가진 모양과 그 태도. 예)精神姿勢.	자웅: 암수·강약·승부·우열의 비유.	자원: 기술의 발전에 따라 생산에 이용되는 것.	자연: 천연 그대로의 상태. 인공을 가하지 않은 본래의 상태. 예)自然現象.

姉	妹	慈	悲	姿	勢	雌	雄	資	源	自	然
누이 자	누이 매	사랑할 자	슬플 비	맵시 자	세력 세	암컷 자	수컷 웅	재물 자	근원 원	스스로 자	그럴 연

자식이 효도하면 양친은 즐겁고, 집안이 화목하면 만사가 이루어지느니라.

- 명심보감(明心寶鑑) -

子孝雙親樂이오 家和萬事成이니라
자 효 쌍 친 락   가 화 만 사 성

教育部 選定 1800字

昨今	潛入	將軍	長短	壯烈	奬勵
작금 : 어제와 오늘.	잠입 : 남몰래 들어옴. 예 潛入浸透.	장군 : 군을 통솔·지휘하는 무관. 예 將軍閣下.	장단 : 긴 것과 짧은 것. 장점과 단점. 예 長短點.	장렬 : 용장(勇壯)하고 의열(義烈)함.	장려 : 권하여 북돋아 줌. 예 貯蓄奬勵.

昨	今	潛	入	將	軍	長	短	壯	烈	奬	勵
어제 작	이제 금	가라앉을 잠	들 입	장수 장	군사 군	길 장	짧을 단	씩씩할 장	새찰 렬	도울 장	힘쓸 려

자신을 귀히 여겨 남을 천하게 여기지 말고, 스스로 크다고 하여 남의 작음을 업신여기지 말며, 용기를 믿고서 적을 가볍게 여기지 말 것이니라.

— 강태공(姜太公) —

勿 以 貴 己 而 賤 人 하고 勿 以 自 大 而 蔑 小 하고 勿 以 恃 勇 而 輕
물 이 귀 기 이 천 인   물 이 자 대 이 멸 소   물 이 시 용 이 경
敵이니라
적

教育部 選定 1800字

帳簿	裝飾	再考	栽培	災殃	著述
장부: 금품의 수입·지출을 기록하는 책. 예 出納帳簿.	장식: 치장하여 꾸밈. 예 室內裝飾.	재고: 다시 생각함. 예 再考餘地.	재배: 식용·약용·관상용 등의 목적으로 식물을 심어서 기름.	재앙: 천변지이(天變地異)로 말미암은 불행한 사고.	저술: 글을 지어 책을 만듦. 예 著述作品.

| 장부 장 | 장부 부 | 꾸밀 장 | 꾸밀 식 | 두 재 | 상고할 고 | 심을 재 | 북돋울 배 | 재앙 재 | 재앙 앙 | 지을 저 | 지을 술 |

작은 길 좁은 곳에서는 한 걸음씩만 멈추어 남에게 먼저 지나가도록 양보하고, 맛있는 좋은 음식은 십분의 삼만 덜어서 남에게 양보하여 맛보게 하라. 이것이 바로 세상을 살아가는 가장 안락한 방법의 하나이니라.

— 채근담(菜根譚) —

徑路窄處엔 留一步하여 與人行하고 滋味濃的은 減三分하여 讓人
경로착처   유일보   여인행   자미농적   감삼분   양인
嗜하라 此是涉世의 一極安樂法이니라
기   차시섭세   일극안락법

貯蓄	抵抗	赤字	全段	傳達	田畓
저축: 모아 쌓아둠. 예 貯蓄預金.	저항: 권력이나 권위·구도덕에의 반항. 예 抵抗心理.	적자: 지출이 수입을 초과하여 결손이 나는 일. 반 黑字.	전단: 모든 단. 모든 단락.	전달: 전하여 이르게 함. 예 傳達事項.	전답: 논과 밭.
쌓을 저	쌓을 축	막을 저	막을 항	붉을 적	글자 자	온 전	단락 단	전할 전	통달할 달	밭 전	논 답

작은 일에도 물샐 틈이 없고, 어두움 속에서도 속이고 숨기지 않으며, 실패하고서도 자포자기하지 않는다면, 이야말로 곧 하나의 진정한 영웅이라 할 것이니라.
— 채근담(菜根譚) —

小處에 不滲漏하고 暗中에 不欺隱하며 末路에 不怠荒이면 纔是個眞
소처 불삼루   암중 불기은   말로 불태황   재시개진
正英雄이니라
정영웅

敎育部 選定 1800字

戰略	專門	轉換	絶頂	漸進	點火
전략 : 전쟁·정치·사회운동 등에서의 책략. 예 經濟戰略.	전문 : 한가지 일을 오로지 함. 예 專門知識.	전환 : 이리저리 바뀜. 예 轉換裝置.	절정 : 산의 맨 꼭대기. 사물의 치오른 극도. 예 人氣絶頂.	점진 : 차차 나아감. 예 漸進的 開發.	점화 : 불을 켬. 예 點火裝置.

| 戰 싸움 전 | 略 간략할 략 | 專 오로지 전 | 門 문 문 | 轉 옮길 전 | 換 바꿀 환 | 絶 끊을 절 | 頂 정수리 정 | 漸 차차 점 | 進 나아갈 진 | 點 점 점 | 火 불 화 |

족한 것을 알아 항상 만족하면 종신토록 욕되지 아니하고, 분수의 그칠 바를 알아서 항상 그치면 종신토록 부끄러움이 없느니라.   - **명심보감**(明心寶鑑) -

知足常足이면　終身不辱하고　知止常止면　終身無恥니라
지 족 상 족　　　종 신 불 욕　　　지 지 상 지　　　종 신 무 치

敎育部 選定 1800字

停留	整理	情報	征服	政府	貞淑
정류 : 머무름. 예停留場·所.	정리 : 가지런히 바로 잡음. 예帳簿整理.	정보 : 사정이나 정황의 보고. 예情報時代.	정복 : 정벌하여 복종시킴. 예頂上征服.	정부 : 근대 국가에서의 행정부. 예政府官吏.	정숙 : 여자의 행실이 곧고 마음씨가 맑음. 예貞淑한 淑女.

| 머무를 정 | 머무를 류 | 가지런할 정 | 이치 리 | 뜻 정 | 갚을 보 | 칠 정 | 옷 복 | 정사 정 | 마을 부 | 곧을 정 | 맑을 숙 |

> 지극한 즐거움으로는 책을 읽는 것만 같음이 없고, 지극히 필요한 것으로는 자식을 가르치는 것만 같음이 없느니라.
> — 명심보감(明心寶鑑) —
>
> 至 樂은 莫 如 讀 書요 至 要는 莫 如 敎 子니라
> 지 락   막 여 독 서   지 요   막 여 교 자

精神	庭園	靜寂	丁亥	製鋼	諸般
정신 : 마음이나 생각. 예 精神集中.	정원 : 집안의 뜰. 예 庭園管理.	정적 : 고요하여 괴괴함.	정해 : 육십갑자의 스물 넷째.	제강 : 쇠를 불려서 강철을 만듦. 예 製鋼所.	제반 : 모든 것. 여러 가지. 예 諸般事項.

精	神	庭	園	靜	寂	丁	亥	製	鋼	諸	般
정할 정	귀신 신	뜰 정	동산 원	조용할 정	고요할 적	천간 정	지지 해	지을 제	강철 강	모두 제	일반 반

직접 보고 경험한 일도 참되지 아니할까 두렵거늘, 등 뒤에서 하는 말을 어찌 족히 깊이 믿으리오.
 - 명심보감(明心寶鑑) -

經目之事도 恐未皆眞이어늘 背後之言을 豈足深信이리오
경목지사   공미개진   배후지언   기족심신

教育部 選定 1800字

堤防	提案	條件	祖國	調査	弔喪
제방: 수해 예방을 위해 토석으로 쌓은 둑. 예)堤防施設.	제안: 의안을 제출함. 예)提案檢討.	조건: 무슨 일을 어떻게 규정한 항목. 예)契約條件.	조국: 조상적부터 살아 온 나라. 예)祖國과 民族.	조사: 사물의 내용을 자세히 살펴봄. 예)在庫調査.	조상: 남의 상사에 대하여 조의를 표함.

둑 제 / 방비 방 / 끌 제 / 책상 안 / 가지 조 / 사건 건 / 할아비 조 / 나라 국 / 고를 조 / 조사할 사 / 조상할 조 / 상입을 상

진실하면 후회가 없으며, 용서하면 원망함이 없으며, 화목하면 원수가 없으며, 참으면 욕됨이 없다.
　　　　　　　　　　　　　　　　　　　　　　　　　　　　　　　- **경행록**(景行錄) -

誠無悔하며 **恕無怨**하며 **和無讐**하며 **忍無辱**이니라
성 무 회　　서 무 원　　화 무 수　　인 무 욕

教育部 選定 1800字

朝夕	租稅	早熟	組織	尊顔	存在
조석 : 아침과 저녁. 예 朝夕問安.	조세 : 국가나 지방단체가 국민으로부터 징수하는 수입. 예 租稅負擔.	조숙 : 심신의 발달이 빨라 어리면서 어른스러워짐.	조직 : 짜서 이룸. 얽어서 만듦. 예 組織社會.	존안 : 남의 얼굴의 존칭.	존재 : 현실에 있음. 또는 있다고 생각되는 일. 예 存在價値.

朝	夕	租	稅	早	熟	組	織	尊	顔	存	在
아침 조	저녁 석	세금 조	세금 세	일찍 조	익을 숙	짤 조	짤 직	높을 존	얼굴 안	있을 존	있을 재

집안에 거처하면서 예가 있기 때문에 어른과 어린이의 분별이 있고, 규문(閨門)에 예가 있기 때문에 부부·부자·형제 곧 삼족(三族)이 화목하고, 조정에 예가 있기 때문에 벼슬의 차례가 있다.

— 공자(孔子) —

居家有禮故로 長幼辨하고 閨門有禮故로 三族和하고 朝廷有禮故로
거가유례고   장유변   규문유례고   삼족화   조정유례고
官爵序이니라
관작서

108 敎育部 選定 1800字

終幕	宗敎	坐席	左遷	罪囚	株式
종막: 연극 등의 마지막 끝막.	종교: 초인간적인 힘에 대해 인간이 경외·존숭·신앙하는 것.	좌석: 앉는 자리. 예)坐席配置.	좌천: 벼슬자리가 못한 데로 떨어짐.	죄수: 옥에 갇힌 죄인.	주식: 주식회사의 자본 구성단위. 예)株式會社.

마칠 종 / 장막 막 / 마루 종 / 가르칠 교 / 앉을 좌 / 자리 석 / 왼 좌 / 옮길 천 / 허물 죄 / 가둘 수 / 그루 주 / 법 식

집안이 화목하면 가난해도 좋거니와 의롭지 않다면 부자인들 무엇하랴. 다만 한 자식이라도 효도하는 자가 있다면 자손이 많아서 무엇에 쓰랴. - **명심보감**(明心寶鑑) -

家和면 貧也好어니와 不義면 富如何오 但存一子孝면 何用子孫多리오
가 화   빈 야 호   불 의   부 여 하   단 존 일 자 효   하 용 자 손 다

晝夜	注油	周圍	主從	朱紅	俊秀
주야: 밤과 낮. 예) 晝夜長川.	주유: 기름을 넣음. 예) 注油所.	주위: 어떤 곳의 바깥 둘레. 예) 周圍事情.	주종: 주군과 종자. 주체와 종속. 예) 主從關係.	주홍: 주홍빛. 홍색과 주황색의 중간.	준수: 재치나 풍채가 아주 빼어남. 예) 俊秀한 人物.

晝	夜	注	油	周	圍	主	從	朱	紅	俊	秀
낮 주	밤 야	물댈 주	기름 유	두루 주	둘레 위	주인 주	따를 종	붉을 주	붉을 홍	뛰어날 준	빼어날 수

차라리 아무 사고없이 집이 가난할지언정 사고 있으면서 집이 부자 되지 말 것이요, 차라리 병이 없이 거친 밥을 먹을지언정 병이 있어 좋은 약을 먹지 말 것이니라.

— 익지서(益智書) —

寧無事而家貧이언정 莫有事而家富요 寧無病而食麤飯이언정 不有病而服良藥이니라

영무사이가빈 막유사이가부 영무병이식추반 불유병이복양약

敎育部 選定 1800字

仲介	重複	中央	卽興	增進	地球
중개: 제삼자로서 두 당사자 사이에 주선하는 일. 예 仲介業.	중복: 거듭함. 겹침. 예 重複作業.	중앙: 사방의 중심이 되는 곳. 예 中央機關.	즉흥: 즉석에서 일어나는 흥치. 예 卽興詩.	증진: 더하여 나아감. 예 食慾增進.	지구: 우리 인류가 살고 있는 천체. 예 地球村.

仲	介	重	複	中	央	卽	興	增	進	地	球
버금 중	끼일 개	무거울 중	겹칠 복	가운데 중	가운데 앙	곧 즉	일어날 흥	늘릴 증	나아갈 진	땅 지	구슬 구

> 착한 것을 보거든 아직도 미치지 못하는 것같이 하고, 착하지 못한 것을 보거든 끓는 물을 만지는 것같이 하라.
> — 공자(孔子) —

見善如不及하고 見不善如探湯하라
견 선 여 불 급   견 불 선 여 탐 탕

教育部 選定 1800字

支拂	遲延	枝葉	指摘	志操	智慧
지불: 값을 내어 줌. 돈을 치러 줌. 예 支拂覺書.	지연: 더디게 끌거나 끌리어 나감. 예 遲延作戰.	지엽: 가지와 잎.	지적: 손가락질해 가리킴. 예 誤記指摘.	지조: 지켜 바꾸지 않는 지향(志向). 예 志操와 節槪.	지혜: 슬기.

支	拂	遲	延	枝	葉	指	摘	志	操	智	慧
지탱할 지	털 불	더딜 지	끌 연	가지 지	잎사귀 엽	손바닥 지	딸 적	뜻 지	잡을 조	슬기 지	슬기 혜

착한 사람은 착하지 못한 사람의 스승이고, 착하지 못한 사람은 착한 사람의 도움이 된다.

— 노자(老子) —

善人은 不善人之師요 不善人은 善人之資니라
선 인 불 선 인 지 사   불 선 인   선 인 지 자

♣ 노자(老子) 주(周)나라 말기의 철학자. 이름은 이(耳). 시호(諡號)는 담(聃). 도가의 시조. 저서에 노자도덕경(老子道德經)이 있음.

珍味	陳腐	鎭壓	執權	懲戒	徵兆
진미: 음식의 썩 좋은 맛.	진부: 묵어서 썩음. 낡고 헒. 예 陳腐한 思考方式.	진압: 진정시켜 억누름. 예 鎭壓過程.	집권: 정권을 잡음. 예 執權薰.	징계: 허물을 뉘우치도록 경계함.	징조: 미리 내다보이는 조짐.

珍	味	陳	腐	鎭	壓	執	權	懲	戒	徵	兆
보배 진	맛 미	늘어설 진	썩을 부	누를 진	누를 압	잡을 집	권세 권	징계할 징	경계할 계	부를 징	억조 조

착한 일을 보면 목마를 때 물을 본듯이 하고, 악한 것을 들으면 귀머거리 같이 하라. 착한 일은 모름지기 탐내고, 악한 일은 즐거하지 말라.

-강태공(姜太公)-

見 善 如 渴하고 聞 惡 如 聾하라. 又 曰 善 事란 須 貪하고 惡 事란 莫
견 선 여 갈 문 악 여 롱 우 왈 선 사 수 탐 악 사 막
樂하라
락

教育部 選定 1800字

借用	車窓	錯誤	讚美	贊否	參照
차용:물건을 빌리거나 돈을 꾸어씀. 예)借用證書.	차창:차의 창문.	착오:착각에 의한 잘못. 예)錯誤是正.	찬미:기리어 칭송함.	찬부:찬성과 불찬성. 예)贊否投票.	참조:참고로 맞대봄. 예)別紙參照.

| 빌릴 차 | 쓸 용 | 수레 차 | 창문 창 | 그를 착 | 그를 오 | 기릴 찬 | 아름다울 미 | 찬성할 찬 | 아닐 부 | 참여할 참 | 비칠 조 |

착한 일을 하는 사람에게는 하늘이 복으로써 이에 보답하고, 착하지 못한 일을 하는 사람에게는 재앙으로써 이에 보답한다.   - 공자(孔子) -

爲善者는 天이 報之以福하고 爲不善者는 天이 報之以禍니라
위선자 천   보지이복   위불선자 천 보지이화

倉庫	蒼茫	創意	滄波	彩色	菜蔬
창고 : 곳집. 물건 등을 쌓아 보관하는 곳.	창망 : 넓고 멀어서 아득함.	창의 : 새로 의견을 생각하여 냄. 예 創意力.	창파 : 푸른 물결.	채색 : 그림에 색을 칠함.	채소 : 온갖 푸성귀.

| 곳집 창 | 창고 고 | 푸를 창 | 아득할 망 | 비로소 창 | 뜻 의 | 찰 창 | 물결 파 | 채색 채 | 빛 색 | 나물 채 | 나물 소 |

참을 수 있으면 또 참고, 경계할 수 있으면 또 경계하라. 참지 못하고 경계하지 못하면 작은 일이 크게 되느니라.

— 명심보감(明心寶鑑) —

得忍且忍하고 得戒且戒하라 不忍不戒면 小事成大니라
득 인 차 인   득 계 차 계   불 인 불 계   소 사 성 대

教育部 選定 1800字

冊曆	責任	妻子	悽慘	天涯	鐵材
책력: 천체의 해와 달이 돌아다님과 절기를 적은 책.	책임: 도맡아 해야 할 임무. 예) 責任과 義務.	처자: 아내와 자식.	처참: 슬프고 참혹함.	천애: 하늘 끝. 예) 天涯孤兒.	철재: 철의 재료. 예) 鐵材品切.

冊	曆	責	任	妻	子	悽	慘	天	涯	鐵	材
책 책	책력 력	꾸짖을 책	맡길 임	아내 처	아들 자	슬퍼할 처	아플 참	하늘 천	끝 애	쇠 철	재목 재

초를 만드는 것은 밝음을 구하는 것이고, 글을 읽는 것은 이치를 구하는 것이니, 밝음으로써는 어두운 방을 비추고, 이치로써는 사람의 마음을 비춘다. -직언결(直言訣)-

造燭求明하고 讀書求理하나니 明以照暗室하고 理以照人心이니라
조 촉 구 명   독 서 구 리   명 이 조 암 실   이 이 조 인 심

♣ 직언결(直言訣) 책 이름. 자세한 내용을 알 수 없음.

教育部 選定 1800字

徹底	哲學	尖端	添附	請求	青綠
철저 : 속 깊이 밑바닥까지 투철함. 예)保安徹底.	철학 : 인생·세계의 궁극의 근본원리를 추구하는 학문.	첨단 : 시대 사조·유행 등의 맨 앞장. 예)尖端科學.	첨부 : 더하여 붙임. 예)別紙添附.	청구 : 무엇을 달라고, 또는 무엇을 해 달라고 요구함.	청록 : 푸른 빛이 도는 녹색.

| 관철할 철 | 밑 저 | 밝을 철 | 배울 학 | 끝 첨 | 끝 단 | 더할 첨 | 붙을 부 | 청할 청 | 구할 구 | 푸를 청 | 초록 록 |

충신은 두 임금을 섬기지 않고, 열녀(烈女)는 두 지아비를 바꾸어 섬기지 않느니라.
- 왕촉(王蠋) -

忠臣은 不事二君이오 烈女는 不更二夫니라
충신 불사이군   열녀 불경이부

♣ 왕촉(王蠋) 중국 전국 시대의 제(齊)나라 사람. 연(燕)나라 군대가 쳐들어와서 항복을 권하자 이를 물리치고 자결했다 함.

教育部 選定 1800字

聽聞	招聘	超越	燭淚	觸媒	總販
청문 : 설교·연설 따위를 들음. 예 聽聞會.	초빙 : 예를 갖춰 불러 맞아들임. 예 招聘敎授.	초월 : 어떤 한계나 표준을 넘음. 예 時代超越.	촉루 : 촛농. 초가 타면서 녹아내리는 기름.	촉매 : 반응속도를 촉진 또는 지완시키는 물질. 예 觸媒作用.	총판 : 어떤 상품을 도맡아 팖. 예 總販都賣.

| 들을 청 | 들을 문 | 부를 초 | 부를 빙 | 뛰어넘을초 | 넘을 월 | 촛불 촉 | 눈물 루 | 느낄 촉 | 중매 매 | 모두 총 | 팔 판 |

> 친구를 사귐에 있어서는 모름지기 십분의 삼정도의 의협심을 지녀야 하며, 사람됨에는 반드시 한 점 순수한 마음을 지녀야 하느니라.
> — 채근담(菜根譚) —

交友엔 須帶三分俠氣하고 作人엔 要存一點素心이니라
교우 수대삼분협기   작인 요존일점소심

敎育部 選定 1800字

最適	催促	秋冬	抽象	追憶	醜雜
최적 : 가장 적당. 最適의 狀態.	최촉 : 재촉. 독촉. 催促催告.	추동 : 가을과 겨울. 秋冬服.	추상 : 구체적인 사물이나 관념에서 공통된 속성을 추려 냄.	추억 : 지난 일을 돌이켜 생각함.	추잡 : 언행이 더럽고 지저분해 추함.

| 가장 최 | 맞을 적 | 재촉할 최 | 재촉할 촉 | 가을 추 | 겨울 동 | 뺄 추 | 코끼리 상 | 쫓을 추 | 기억할 억 | 추할 추 | 섞일 잡 |

큰 집이 천칸이라도 밤에 눕는 곳은 여덟 자 뿐이요, 좋은 밭이 만경이 있더라도 하루에 먹는 것은 두 되뿐이니라.   — 명심보감(明心寶鑑) —

大廈千間이라도   夜臥八尺이오   良田萬頃이라도   日食二升이니라
대 하 천 간   야 와 팔 척   양 전 만 경   일 식 이 승

推薦	築造	春夏	忠誠	取捨	就職
추천: 인재를 천거함. 예 推薦作家.	축조: 다지고 쌓아서 만듦.	춘하: 봄과 여름.	충성: 진정에서 우러나는 정성. 예 忠誠心.	취사: 취할 것은 취하고 버릴 것은 버림. 예 取捨選擇.	취직: 직업을 얻음. 예 就職試驗.

推	薦	築	造	春	夏	忠	誠	取	捨	就	職
밀 추	천거할 천	쌓을 축	지을 조	봄 춘	여름 하	충성 충	정성 성	취할 취	버릴 사	이룰 취	벼슬 직

> 편안한 마음으로 분수를 지키면 몸에 욕됨이 없을 것이고, 세상의 돌아가는 기미를 잘 알면 마음이 스스로 한가해지는 것이니, 비록 인간 세상에 살더라도 도리어 인간 세상에서 벗어난 것이니라.
>
> — 안분음(安分吟) —

安分身無辱이오 **知機心自閑**이니 **雖居人世上**이나 **却是出人間**이니라
안 분 신 무 욕   지 기 심 자 한   수 거 인 세 상   각 시 출 인 간

層臺	治績	親知	七尺	沈沒	侵犯
층대 : 층층대.	치적 : 정치상의 공적.	친지 : 서로 잘 알고 친근하게 지내는 사람.	칠척 : 일곱 자.	침몰 : 물에 빠져 잠김.	침범 : 침노하여 건드림. 예 領土侵犯.

層	臺	治	績	親	知	七	尺	沈	沒	侵	犯
층계 층	대 대	다스릴 치	공적 적	친할 친	알 지	일곱 칠	자 척	잠길 침	빠질 몰	침노할 침	범할 범

평생에 눈썹 찡그릴 일을 하지 않으면 세상에 응당 이를 갈 사람이 없을 것이다. 큰 이름을 어찌 무딘 돌에 새길 것인가. 길 가는 사람의 입이 비석(碑石)보다 나으리라.
— 격양시(擊壤詩) —

平生에 不作皺眉事면 世上에 應無切齒人이니라 大名을 豈有鐫頑
평생   부작추미사   세상   응무절치인   대명   기유전완
石가 路上行人口勝碑니라
석   노상행인구승비

教育部 選定 1800字

寢室	浸透	打倒	墮落	妥協	炭鑛
침실 : 잠자도록 마련된 방.	침투 : 스며 젖어서 속속들이 물듦. 예浸透作用.	타도 : 때리어 거꾸러뜨림. 예惡法打倒.	타락 : 품행이 나빠서 못된 구렁에 빠짐.	타협 : 두편이 서로 좋도록 협의함. 예妥協案.	탄광 : 석탄광. 석탄을 캐는 광산.
누울 침 / 집 실	잠길 침 / 환할 투	칠 타 / 넘어질 도	떨어질 타 / 떨어질 락	온당할 타 / 도울 협	숯 탄 / 쇠덩이 광

하루라도 마음이 깨끗하고 한가하면 그 하루는 신선이 되느니라.
- 명심보감(明心寶鑑) -

一 日 淸 閑이면 一 日 仙이니라
일 일 청 한   일 일 선

彈琴	歎息	脫線	探索	貪慾	態度
탄금: 거문고·가야금 따위를 탐.	탄식: 한숨을 쉬며 한탄함.	탈선: 기차·전차 또는 언행 등이 정상에서 벗어남.	탐색: 실상을 더듬어 찾음. 예 探索戰.	탐욕: 지나치게 탐하는 욕심. 예 貪慾主義.	태도: 속의 뜻이 드러나 보이는 겉모양. 예 態度分明.

| 탄알 탄 | 거문고 금 | 탄식할 탄 | 쉴 식 | 벗을 탈 | 실 선 | 찾을 탐 | 찾을 색 | 탐낼 탐 | 욕심 욕 | 모양 태 | 법도 도 |

하루 착한 일을 행했어도 복(福)은 비록 이르지 아니하나 화(禍)는 스스로 멀어지며, 하루 악한 일을 행했어도 화(禍)는 비록 이르지 아니하나 복(福)은 스스로 멀어진다.
― **동악성제**(東岳聖帝) ―

一日 行善이라도 福雖未至나 禍自遠矣오 一日 行惡이라도 禍雖未至나 福自遠矣라

教育部 選定 1800字

太陽	吐說	討議	土壤	痛症	統帥
태양: 태양계의 중심 발광체로 지구에서 가장 가까운 항성.	토설: 숨겼던 사실을 비로소 밝혀 말함.	토의: 어떤 사물에 대해 각자의 의견을 검토·협의하는 일.	토양: 흙. 곡물 등이 생장할 수 있는 흙. 예 土壤分析.	통증: 아픈 증세.	통수: 한 나라의 병력을 지휘·통솔하는 것. 예 統帥權.

| 클 태 | 볕 양 | 토할 토 | 말씀 설 | 다스릴 토 | 의논할 의 | 흙 토 | 땅 양 | 아플 통 | 증세 증 | 거느릴 통 | 장수 수 |

학문은 앞에 가는 사람의 뒤를 따라도 따르지 못하는 것같이 하고, 오히려 놓칠까 두려워한다.
        － 논어(論語) －

學 如 不 及이오 猶 恐 失 之니라
학 여 불 급   유 공 실 지

♣ 논어(論語) 사서(四書)의 하나. 공자(孔子)의 언행과 제자·제후·은자(隱者)와의 문답 등을 기술한 책으로 공자의 제자들이 엮었음.

投獄 特殊 派遣 頗多 破裂 判斷

- **투옥**: 옥에 가둠. 감옥에 넣음. 예 投獄人士.
- **특수**: 특별히 다름. 예 特殊한 材質.
- **파견**: 용무를 띠워 사람을 보냄. 예 外國派遣.
- **파다**: 아주 많음. 예 頗多한 所聞.
- **파열**: 터져 갈라짐. 예 破裂裝置.
- **판단**: 사물의 진위·선악·미추·시비 등을 생각하여 정함.

| 던질 투 | 감옥 옥 | 특별할 특 | 다를 수 | 갈라질 파 | 보낼 견 | 치우칠 파 | 많을 다 | 깨뜨릴 파 | 찢을 렬 | 가를 판 | 끊을 단 |

학문을 닦음에 있어서 뛰어나게 공부를 많이 하지 않을지라도 능히 물욕을 마음에서 제거할 수만 있다면 그것으로 족히 성인의 경지를 뛰어 넘게 되는 것이니라.

— 채근담(菜根譚) —

爲學이 無甚增益工夫라도 減除得物累면 便超聖境이니라
위 학   무 심 증 익 공 부   감 제 득 물 루   변 초 성 경

教育部 選定 1800字

八項	編成	平凡	閉鎖	肺臟	廢止
팔항 : 여덟째 항목. 여덟가지 항목. 예)民法 第四條 八項.	편성 : 엮어서 만듦. 조직하고 형성함. 예)組織編成.	평범 : 뛰어난 점이 없이 보통임. 예)平凡한 人物.	폐쇄 : 문을 닫고 자물쇠를 채움. 예)閉鎖된 門戶.	폐장 : 폐와 장. 육서동물의 호흡기의 주요부분.	폐지 : 실시하던 제도·법규 등을 치우고 그만둠. 예)惡法廢止.

| 여덟 팔 | 항 항 | 엮을 편 | 이룰 성 | 평평할 평 | 무릇 범 | 닫을 폐 | 쇠사슬 쇄 | 허파 폐 | 오장 장 | 폐할 폐 | 머무를 지 |

학문을 하는 차례에, 널리 이를 배우고, 자세히 이를 물으며, 조심하여 이를 생각하고, 밝히 이것을 분별하며, 두텁게 이를 실행하라. — 성리서(性理書) —

爲學之序에 博學之하고 審問之하며 謹思之하고 明辨之하며 篤行之니라
위학지서　　박학지　　　심문지　　　근사지　　　명변지　　　독행지

♣ 성리서(性理書) 성리학(性理學)에 관한 책. 중국 명(明)나라 때, 주염계·장횡거·주희 등 여러 학자의 성리설을 집록한 책인 「성리대전(性理大全)」 등을 말함.

敎育部 選定 1800字

包藏	捕捉	暴雪	爆笑	表裏	標準
포장 : 물건을 겉으로 드러나지 않게 싸서 간직함.	포착 : 꼭 붙잡음. 예 機會捕捉.	폭설 : 갑자기 많이 내리는 눈. 예 暴雪豫報.	폭소 : 폭발하듯 갑자기 웃는 웃음.	표리 : 속과 겉. 예 表裏不同.	표준 : 사물을 정하는 목표. 예 標準規格.

包	藏	捕	捉	暴	雪	爆	笑	表	裏	標	準
쌀 포	감출 장	잡을 포	잡을 착	사나울 폭	눈 설	터질 폭	웃음 소	겉 표	속 리	표 표	수준 준

한가한 때에도 다급한 일에 대비하는 마음을 지녀야 하고, 바쁜 때에 처할지라도 여유있는 의취(意趣)를 지녀야 하느니라.
— 채근담(菜根譚) —

閒時에 要有喫緊的心思하며 忙處에 要有悠閒的趣味니라
한 시   요 유 끽 긴 적 심 사   망 처   요 유 유 한 적 취 미

敎育部 選定 1800字

風速	豐裕	被襲	彼我	畢竟	必須
풍속: 바람이 부는 속도. 예 最大風速.	풍유: 흠뻑 많아서 넉넉함.	피습: 습격을 당함.	피아: 그와 나. 예 彼我間.	필경: 결국에는. 마침내.	필수: 꼭 필요함. 예 必須科目.

風	速	豐	裕	被	襲	彼	我	畢	竟	必	須
바람 풍	빠를 속	풍년들 풍	넉넉할 유	입을 피	엄습할 습	저 피	나 아	마칠 필	마침내 경	반드시 필	모름지기 수

한 줄기 푸른 산은 경치가 그윽한데 앞사람의 전토(田土)를 뒷사람이 거두는 구나. 뒷사람은 거두되 기뻐하지 말라. 다시 또 거둘 사람이 뒤에 있느니라.

― 명심보감(明心寶鑑) ―

一 派 靑 山 景 色 幽 러니 前 人 田 土 後 人 收 라 後 人 收 得 莫 歡 喜 하라
일 파 청 산 경 색 유　　　　전 인 전 토 후 인 수　　　후 인 수 득 막 환 희
更 有 收 人 在 後 頭 니라
갱 유 수 인 재 후 두

匹敵	荷役	賀宴	河川	閑暇	寒暑
필적: 능력·세력 등이 서로 엇비슷함.	하역: 짐을 싣고 부리는 일. 예)荷役作業.	하연: 축하하는 잔치.	하천: 시내. 강. 예)河川敷地.	한가: 별로 할 일이 없어 틈이 많음. 예)閑暇한 時間.	한서: 추위와 더위. 겨울과 여름.

匹	敵	荷	役	賀	宴	河	川	閑	暇	寒	暑
짝 필	원수 적	맬 하	일 역	하례 하	잔치 연	물 하	내 천	한가 한	한가할 가	찰 한	더울 서

한평생 선을 행하여도 착함은 오히려 부족하고, 단 하루 악을 행하여도 악은 스스로 남음이 있느니라.

— 마원(馬援) —

終身行善이라도 **善猶不足**이요 **一日行惡**이라도 **惡自有餘**니라
종신행선   선유부족   일일행악   악자유여

♣ 마원(馬援) 중국 후한(後漢) 때 사람으로 광무제(光武帝)를 도운 장수. 티베트 족의 정벌, 흉노(匈奴) 토벌 등 많은 무공을 세웠음.

教育部 選定 1800字

含有	港口	該當	海岸	解除	害蟲
함유 : 포함하고 있음. 예 含有量.	항구 : 바닷가에 배를 드나들게 설비한 곳. 예 港口都市.	해당 : 바로 들어맞음. 예 該當部署.	해안 : 바닷가의 언덕. 예 海岸島嶼.	해제 : 행동상의 제약을 풀어 자유롭게 함. 예 武裝解除.	해충 : 생활에 해를 끼치는 벌레. 예 害蟲撲滅.

含	有	港	口	該	當	海	岸	解	除	害	蟲
머금을 함	있을 유	항구 항	입 구	모두 해	마땅할 당	바다 해	언덕 안	풀 해	덜 제	해칠 해	벌레 충

해와 달이 비록 밝으나 엎어 놓은 동이의 밑은 비추지 못하고, 칼날이 비록 잘 드나 죄없는 사람은 베지 못하고, 받을 잘못이 없는 재앙이나 뜻하지 않은 화난은 조심하는 사람의 집 문에는 들지 못하느니라.
　　　　　　　　　　　　　　　　　　　　　　　　　－ 강태공(姜太公) －

日月이 雖明이나 不照覆盆之下하고 刀刃이 雖快나 不斬無罪之人하고
일월　　수명　　　부조복분지하　　　도인　　수쾌　　불참무죄지인
非災橫禍는 不入愼家之門이니라
비재횡화　　불입신가지문

幸福	虛僞	憲章	軒燈	革命	賢明
행복 : 심신의 욕구가 충족되어 조금도 부족감이 없는 상태.	허위 : 그릇된 지식. 그릇된 사고. 예 虛僞事實.	헌장 : 헌법의 전장(典章). 예 敎育憲章.	헌등 : 처마에 다는 등.	혁명 : 급격한 변혁. 예 革命世代.	현명 : 사리에 밝음. 예 賢明한 處事.
다행 행 / 복 복	빌 허 / 거짓 위	법 헌 / 글월 장	추녀끝 헌 / 등잔 등	가죽 혁 / 목숨 명	어질 현 / 밝을 명

형제가 참지 않으면 각기 헤어져서 살게 되고, 부부가 참지 않으면 자식을 외롭게 하게 되고, 친구끼리 참지 않으면 정과 뜻이 서로 멀어질 것이고, 자신이 참지 않으면 근심이 덜어지지 않느니라.   - 공자(孔子) -

兄弟不忍이면 各分居하고 夫妻不忍이면 令子孤하고 朋友不忍이면 情意疎하고 自身이 不忍이면 患不除니라

教育部 選定 1800字

懸賞	現品	血管	螢光	刑罰	兄弟
현상 : 모집·구득·심인 등에서 상을 걺. 예 懸賞公募.	현품 : 현재 있는 물품. 실제의 물품.	혈관 : 혈액이 통하는 관. 예 血管注射.	형광 : 반딧불. 예 螢光物質·螢光燈.	형벌 : 범죄에 대하여 법률상 과하는 제재. 예 刑罰主義.	형제 : 형과 아우. 예 兄弟姉妹.

懸	賞	現	品	血	管	螢	光	刑	罰	兄	弟
매달 현	상줄 상	나타날 현	가지 품	피 혈	대롱 관	개똥벌레 형	빛 광	형벌 형	벌줄 벌	맏 형	아우 제

형제는 수족(手足)과 같고 부부는 의복과 같으니, 의복이 찢어졌을 때는 다시 새 것을 입을 수 있거니와 수족이 끊어졌을 때는 잇기가 어려우니라.　　— 장자(莊子) —

兄弟는 爲手足이오 夫婦는 爲衣服이니 衣服破時엔 更得新이어니와 手足斷時엔 難可續이니라
형제 위수족 　 부부 위의복 　 의복파시 갱득신 　 수 족단시 난가속

教育部 選定 1800字

亨通	惠澤	豪傑	湖南	好男	戶籍
형통: 온갖 일이 뜻대로 됨. 예 萬事亨通.	혜택: 은혜와 덕택. 예 補給惠澤.	호걸: 지용이 뛰어나고 기개와 풍모가 있는 사람.	호남: 전라남·북도의 호칭.	호남: 미남. 호걸다운 남자.	호적: 호수와 식구별로 기록한 장부. 예 戶籍謄本.

亨	通	惠	澤	豪	傑	湖	南	好	男	戶	籍
형통할 형	통할 통	은혜 혜	윤택할 택	호걸 호	호걸 걸	호수 호	남녘 남	좋을 호	사내 남	집 호	문서 적

화는 나의 욕심에 따르는 것보다 큼이 없고, 악은 남의 그름을 말하는 것보다 심함이 없다.

— **경행록**(景行錄) —

禍는 **莫 大 於 從 己 之 欲**이오 惡은 **莫 甚 於 言 人 之 非**니라
　화　막 대 어 종 기 지 욕　　　악　막 심 어 언 인 지 비

教育部 選定 1800字   133

或	如	昏	迷	混	濁	洪	水	鴻	雁	弘	益
혹여 : 혹시. 만일에 어떤 경우에.		혼미 : 마음이 어두워 흐리멍텅함. 예 昏迷한 精神.		혼탁 : 맑지 못하고 매우 흐림. 예 混濁한 空氣.		홍수 : 넘쳐 흐르는 많은 사물의 비유. 큰 물.		홍안 : 큰 기러기와 작은 기러기.		홍익 : 널리 이롭게 함. 예 弘益人間.	

| 혹 혹 | 같을 여 | 날저물 혼 | 헤맬 미 | 섞일 혼 | 흐릴 탁 | 넓을 홍 | 물 수 | 큰기러기홍 | 기러기 안 | 클 홍 | 더할 익 |

황금이 상자에 가득 차 있다 해도 자식에게 경서(經書) 하나 가르치는 것만 같지 못하고, 자식에게 천금을 물려준다 해도 자식에게 기예(技藝) 한 가지를 가르치는 것만 같지 못하느니라.
　　　　　　　　　　　　　　　　　　　　　　　　　　　　　　　- 한서(漢書) -

黃金滿籝이 **不如敎子一經**이오 **賜子千金**이 **不如敎子一藝**니라
　황금만영　　불여교자일경　　　　사자천금　　　불여교자일예

♣ 한서(漢書) 전한의 고조(高祖)에서 왕망(王莽)까지 229년 동안의 역사를 기록한 책. 반고(班固)가 짓고 그의 누이 반소(班昭)가 보수(補修)했음.

華麗	和睦	禍厄	貨幣	確認	擴張
화려: 번화하고 고움. 예) 華麗한 變身.	화목: 뜻이 맞고 정다움. 예) 和睦한 家庭.	화액: 재앙과 곤란.	화폐: 상품교환의 매개물로서, 지불·축적 등으로 유통되는 돈.	확인: 확실히 인정함. 예) 確認節次.	확장: 늘여 넓힘. 예) 擴張工事.
빛날 화 / 고울 려	화할 화 / 화목할 목	재앙 화 / 재앙 액	재화 화 / 비단 폐	확실할 확 / 인정할 인	넓힐 확 / 베풀 장

황금 천냥이 귀한 것이 아니고, 사람의 좋은 말 한 마디 듣는 것이 천금(千金)보다 나으리라.

— 명심보감(明心寶鑑) —

黃金千兩이 未爲貴요 得人一語가 勝千金이니라
황금천냥   미위귀   득인일어   승천금

敎育部 選定 1800字

環境	患者	割引	黃菊	荒野	皇帝
환경: 거주하는 주위의 외계. 예) 環境淨化.	환자: 병자. 예) 入院患者.	할인: 일정한 값에서 얼마를 감함. 예) 割引販賣.	황국: 빛이 누런 국화.	황야: 거칠게 된 들.	황제: 제국 군주의 존칭.

環	境	患	者	割	引	黃	菊	荒	野	皇	帝
고리 환	지경 경	근심 환	놈 자	가를 할	당길 인	누를 황	국화 국	거칠 황	들 야	임금 황	임금 제

명심보감(明心寶鑑)

효도하고 순종하는 사람은 다시 효도하고 순종하는 자식을 낳고, 오역(忤逆)한 사람은 도로 오역한 자식을 낳나니, 믿지 못하겠거든 오직 처마끝의 낙수(落水)를 보라. 방울방울 떨어져 내림에 어기어 옮겨짐이 없느니라.

孝順은 還生 孝順子요 忤逆은 還生 忤逆子하나니 不信커든 但看
효순   환생 효순자   오역   환생 오역자   불신   단간
簷頭水하라 點點滴滴 不差移니라
첨두수   점점적적 불차이

教育部 選定 1800字

回廊	灰心	悔悟	懷抱	橫財	效果
회랑: 정당의 좌우에 있는 긴 집채.	회심: 외부의 유혹을 받지 않고 고요히 가라앉은 마음.	회오: 잘못을 뉘우치고 깨달음.	회포: 마음속에 품은 생각.	횡재: 뜻밖의 재물을 얻음.	효과: 보람이 있는 결과. 예)特殊效果.

回	廊	灰	心	悔	悟	懷	抱	橫	財	效	果
돌아올 회	행랑 랑	재 회	마음 심	뉘우칠 회	깨달을 오	품을 회	안을 포	가로 횡	재물 재	보람 효	실과 과

효자가 어버이를 섬김에 있어서는, 기거하심에 그 공경을 다하고, 봉양함에는 그 즐거움을 다하고, 병이 들었을 때는 그 근심을 다하고, 상(喪)을 당할 때는 그 슬픔을 다하고, 제사가 있을 때는 그 엄숙함을 다할 것이니라.

— 공자(孔子) —

孝子之事親也에 居則致其敬하고 養則致其樂하고 病則致其
효자 지사 친 야   거 즉 치 기 경   양 즉 치 기 락   병 즉 치 기

憂하고 喪則致其哀하고 祭則致其嚴이니라
우   상 즉 치 기 애   제 즉 치 기 엄

孝女	後孫	侯爵	毁損	揮毫	休憩
효녀: 효도하는 딸.	후손: 몇 대가 지난 뒤의 자손.	후작: 고려시대 오등작의 둘째.	훼손: 체면·명예 등을 손상함. 예 名譽毁損.	휘호: 붓을 휘둘러 글씨를 쓰거나, 그림을 그림.	휴게: 일을 하거나 걷는 도중 잠깐 쉬는 일. 예 休憩施設.

孝	女	後	孫	侯	爵	毁	損	揮	毫	休	憩
효도 효	계집 녀	뒤 후	손자 손	제후 후	벼슬 작	헐 훼	덜 손	휘두를 휘	가는털 호	쉴 휴	쉴 게

흙을 쌓아 산이 되면 비와 바람이 일어나고, 물을 막아 못이 되면 교룡이 생기고, 선을 쌓아 덕을 이루면 신명을 스스로 얻어서 성스러운 마음이 갖추어진다.

— 순자(荀子) —

積土成山이면 風雨가 興焉이오 積水成淵이면 蛟龍이 生焉이오 積善成
적 토 성 산   풍 우   흥 언   적 수 성 연   교 룡   생 언   적 선 성
德이면 而神明自得하여 聖心備焉이니라
덕   이 신 명 자 득   성 심 비 언

携帶	吸煙	戲劇	希望	稀薄	喜悅
휴대: 손에 들거나 몸에 지님. 예 携帶物.	흡연: 담배를 피움. 예 吸煙禁止.	희극: 익살을 부리는 연극. 예 戲劇俳優.	희망: 어떤 일을 이루고자 또는 얻고자 바람. 예 希望事項.	희박: 기체·액체가 짙지 않고 묽거나 엷음. 예 確率稀薄.	희열: 기쁨과 즐거움. 희락.

| 가질 휴 | 띠 대 | 숨들이쉴 흡 | 연기 연 | 놀 희 | 심할 극 | 바랄 희 | 바라볼 망 | 드물 희 | 엷을 박 | 기쁠 희 | 기뻐할 열 |

힘으로써 남을 복종 시키는 것은 마음으로 복종케하는 것이 아니고, 덕으로써 남을 복종시키는 것은 마음 속으로 기뻐서 진실로 복종케하는 것이다.

— 맹자(孟子) —

以力服人者는 非心服也요 以德服人者는 中心悅而誠服也니라
이력복인자 비심복야   이덕복인자   중심열이성복야

♣ 맹자(孟子) 중국 전국 시대의 철인(哲人). 이름은 가(軻), 자는 자여(子輿). 산동성 추현(雛縣) 출생. 공자(孔子)의 인(仁) 사상을 계승하여 성선설(性善說)을 주장함.

歌	架	街	閣	甘	慨	皆	拒	兼	卿	坤	恐
노래 가	시렁 가	거리 가	누각 각	달 감	슬퍼할 개	다 개	막을 거	겸할 겸	벼슬 경	땅 곤	두려울 공

戈	瓜	冠	掛	愧	塊	懼	九	狗	句	俱	局
창 과	오이 과	갓 관	걸 괘	부끄러울 괴	흙덩이 괴	두려울 구	아홉 구	개 구	구절 구	함께 구	판 국

券	厥	鬼	菌	僅	豈	那	奈	泥	茶	壇	潭
문서 권	숙일 궐	귀신 귀	버섯 균	겨우 근	어찌 기	어찌 나	어찌 내	진흙 니	차 다	단 단	못 담

談	踏	糖	唐	稻	途	刀	突	頭	豆	斗	洛
이야기 담	밟을 답	사탕 당	당나라 당	벼 도	길 도	칼 도	부딪칠 돌	머리 두	콩 두	말 두	물이름 락

欄	娘	郎	浪	涼	零	祿	弄	樓	栗	隆	磨
난간 란	계집 랑	사내 랑	물결 랑	서늘할 량	떨어질 령	녹 록	희롱할 롱	다락 루	밤나무 률	성할 륭	갈 마

罔	綿	冥	迫	戊	墨	勿	米	眉	盤	髮	邦
그물 망	솜 면	어두울 명	핍박할 박	천간 무	먹 묵	없을 물	쌀 미	눈썹 미	소반 반	터럭 발	나라 방

芳	倣	輩	柏	伯	壁	碧	屛	竝	寶	伏	卜
향내날 방	본뜰 방	무리 배	나무 백	맏 백	벽 벽	푸를 벽	병풍 병	아우를 병	보배 보	엎드릴 복	점 복

逢	扶	膚	赴	弗	朋	鼻	肥	頻	斯	詞	蛇
만날 봉	도울 부	살갗 부	다다를 부	달러 불	벗 붕	코 비	살찔 비	자주 빈	찍을 사	말 사	뱀 사

射	祀	舍	賜	朔	嘗	裳	塞	恕	徐	昔	釋
쏠 사	제사 사	집 사	줄 사	초하루 삭	맛볼 상	치마 상	막을 색	용서 서	천천히 서	옛 석	풀 석

禪	鮮	舌	聖	掃	燒	蘇	召	粟	誦	雖	誰
봉선 선	고울 선	혀 설	성인 성	쓸 소	불사를 소	깨어날 소	부를 소	조 속	외울 송	비록 수	누구 수

壽	脣	循	升	侍	晨	拾	十	兒	阿	芽	仰
목숨 수	입술 순	좇을 순	되 승	모실 시	새벽 신	열 십	열 십	아이 아	아첨할 아	싹 아	우러러볼 앙

耶	也	於	億	焉	燕	汝	予	余	沿	泳	吾
그런가 야	어조사 야	어조사 어	억 억	어찌 언	제비 연	너 여	나 여	나 여	좇을 연	헤엄칠 영	나 오

教育部 選定 1800字

烏	臥	曰	畏	腰	遙	辱	羽	尤	又	遇	于
까마귀 오	누울 와	가로되 왈	두려워할 외	허리 요	멀 요	욕될 욕	깃 우	더욱 우	또 우	만날 우	어조사 우

云	緯	衛	謂	惟	遊	幽	愈	淫	泣	邑	矣
이를 운	씨 위	지킬 위	이를 위	생각할 유	놀 유	그윽할 유	더할 유	음란할 음	울 읍	고을 읍	어조사 의

宜	貳	二	而	已	刃	仁	壹	逸	玆	紫	恣
옳을 의	두 이	두 이	말이을 이	이미 이	칼날 인	어질 인	한 일	잃을 일	이에 자	자주빛 자	방자할 자

刺	酌	蠶	暫	牆	粧	哉	的	笛	折	淨	亭
찌를 자	따를 작	누에 잠	잠깐 잠	담 장	단장할 장	어조사 재	목표 적	피리 적	꺾을 절	깨끗할 정	정자 정

井	際	齊	第	拙	縱	佐	舟	酒	柱	州	走
우물 정	가 제	가지런할 제	차례 제	졸할 졸	세로 종	도울 좌	배 주	술 주	기둥 주	고을 주	달아날 주

洲	遵	曾	蒸	憎	之	振	秩	差	此	慙	唱
섬 주	따라갈 준	일찍 증	찔 증	미워할 증	갈 지	떨칠 진	차례 질	어긋날 차	이 차	부끄러울 참	노래부를 창

148 敎育部 選定 1800字

暢	妾	晴	抄	肖	聰	醉	臭	趣	測	漆	枕
화창할 창	첩 첩	갤 청	베낄 초	닮을 초	밝을 총	취할 취	냄새 취	취미 취	곁 측	검을 칠	베개 침

快	琢	殆	泰	怠	擇	宅	兔	罷	播	版	貝
쾌할 쾌	다듬을 탁	위태할 태	클 태	게으를 태	가릴 택	집 택	토끼 토	파할 파	씨뿌릴 파	널 판	조개 패

遍	片	弊	飽	胞	浦	疲	何	旱	韓	汗	咸
두루 편	조각 편	폐단 폐	배부를 포	태보 포	개 포	고달플 피	어찌 하	가물 한	나라 한	땀 한	다 함

恒	巷	核	玄	絃	縣	顯	弦	享	兮	胡	乎
항상 항	거리 항	씨 핵	검을 현	줄 현	고을 현	나타날 현	시위 현	드릴 향	어조사 혜	오랑캐 호	어조사 호

浩	魂	禾	丸	曉	喉	訓	暈	輝	胸	噫	熙
넓을 호	넋 혼	벼 화	알 환	새벽 효	목구멍 후	가르칠 훈	빛 휘	빛날 휘	가슴 흉	한숨쉴 희	빛날 희

永字八法 (영자팔법)

영자팔법은 永자 속에 있는 여덟 가지의 기본점획을 말한다.
1 측(側)은 모든 「점」의 기본이며, 가로 눕히지 않는다.
2 늑(勒)은 가로 긋기이며 수평을 꺼린다.
3 노(努)는 내려긋기이며 곧바로 내려 힘을 준다.
4 적(趯)은 갈고리이고 송곳같은 세력을 요한다.
5 책(策)은 치침이며 우러러 그어주면서 살며시 든다.
6 약(掠)은 삐침으로서 왼쪽을 가볍게 홀겨준다.
7 탁(啄)은 짧은 삐침으로 높이 들어 빨리 삐친다.
8 책(磔)은 파임이고, 고요히 대어 천천히 옮긴다.

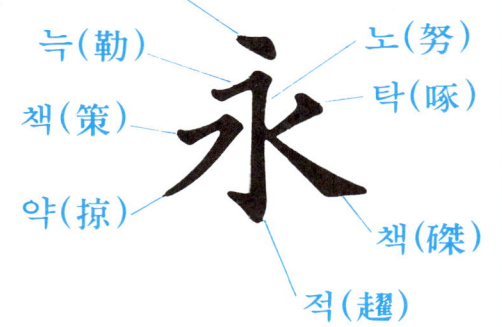